U0552543

中华文明

何以五千年不断裂

刘庆柱 著

北京联合出版公司
Beijing United Publishing Co.,Ltd.

图书在版编目（CIP）数据

中华文明 : 何以五千年不断裂 / 刘庆柱著. --
北京 : 北京联合出版公司, 2024.12. -- ISBN 978-7
-5596-7658-0
Ⅰ. K871.04
中国国家版本馆 CIP 数据核字第 20245BP794 号

中华文明：何以五千年不断裂
作　　者：刘庆柱
出 品 人：赵红仕
特约编辑：郭喜军
责任编辑：孙志文
封面设计：今亮後聲 HOPESOUND 2580590616@qq.com · 张今亮　王非凡
版式设计：豆安国
责任编审：赵　娜

北京联合出版公司出版
（北京市西城区德外大街 83 号楼 9 层　100088）
北京华景时代文化传媒有限公司发行
北京中科印刷有限公司印刷　　新华书店经销
字数 192 千字　　880 毫米 ×1230 毫米　　1/32　　10.5 印张
2024 年 12 月第 1 版　　2024 年 12 月第 1 次印刷
ISBN 978-7-5596-7658-0
定价：68.00 元

版权所有，侵权必究
未经书面许可，不得以任何方式转载、复制、翻印本书部分或全部内容。
本书若有质量问题，请与本公司图书销售中心联系调换。电话：（010）83626929

序

2023年6月2日,习近平总书记在文化传承发展座谈会上的讲话中指出,中华文明的突出特性有五点,即连续性、创新性、统一性、包容性、和平性。中华文明的突出特性是针对世界文明史中的其他不同文明而言的。在中华文明的五个突出特性中,连续性最为重要,因为"如果不从源远流长的历史连续性来认识中国,就不可能理解古代中国,也不可能理解现代中国,更不可能理解未来中国"[1]。本书就是对中华文明突出特性之连续性的阐释。

中华五千多年不断裂的文明史,其形成的根本原因是作为中国的国家(即"文明")之"国民"从"家国同构"到"国家认同"之"思想"成为中华民族共同体意识,这一"思想"应该是国民"日用而不觉的文化基因",它具体表现在中华五千多年不断裂文明中的"国民""文字""礼制"

---

[1] 习近平:《在文化传承发展座谈会上的讲话》,《求是》2023年第17期。

之下的国家"大一统"思想的确立,从而使中华文明的"国家"与"国民"形成的"中"与"中和"在世界文明史上具有无与伦比的凝聚力。

早在中华文明形成伊始,我们的先祖已经提出国家的"中"的思想,以"中"通过"和"形成国家"核心",都城作为国家的象征与政治文化"集大成",通过世世代代的国家都城的"择中建都",都城之中的"择中建殿"(大朝正殿),都城与宫城各自"四面辟门",对国家"东西南北"的"政治空间"的"等距离",充分体现出国家对各地的"公平""公正"与"公允"。

国家的大一统是建立在国民的政治认同基础之上的,都城与"民居"规划理念的"一致性"形成"家国同构"的"日用而不觉的文化基因",这是中华文明保持其历史连续性的思想基础。中华文明作为广域"国家",国民的"家国同构"与"家国一体"成为中华文明持续发展的根本原因。基于以上中华文明的中华民族共同体意识,形成世代相承的"包容性"与"和平性",一个多民族、多宗教的中华文明,从古至今一直延续不断。这正是中华五千多年不断裂文明对世界文明的历史贡献。

世界著名历史学家汤因比认为:"就中国人来说,几千年来,比世界任何民族都成功地把几亿民众,从政治文化上团结起来。他们显示出这种在政治、文化上统一的本领,具有无与伦比的成功经验。"[1]

英国著名哲学家罗素认为,"中国人的实力在于四万万人口,在于民族习惯的坚韧不拔,在于强大的消极抵制力,以及无可比拟的民族凝聚力"[2]。

美国学者费正清认为:"中国具有一种惊人的凝聚力。这一凝聚力并非是由地理条件造成的。……这种凝聚力只能从制度方面入手,从既定的社会思想和行为方面来加以解释。中国的国家和文化是紧密结合在一起的,中国人的生活方式与中华帝国两者是相等的关系。"[3]

刘庆柱

2024 年 8 月

---

[1] [英] A.J.汤因比、[日] 池田大作:《展望二十一世纪——汤因比与池田大作对话录》,荀春生、朱继征、陈国樑译,国际文化出版公司 1985 年版,第 294 页。
[2] [英] 罗素:《中国问题》,秦悦译,学林出版社 1996 年版,第 164 页。
[3] [美] 费正清:《中国:传统与变迁》,张沛、张源、顾思兼译,吉林出版集团有限责任公司 2008 年版,第 139 页。

目录

第一章 "中""华"与"中华" /一

　　一、"中"的解读 /三
　　二、"华"的解读 /二六
　　三、"中华"的解读 /二九
　　四、"中华民族"的解读 /三二

第二章 "文明"的定义及"文明要素"的组成与各自权重 /三五

　　一、"文明"的定义 /三七
　　二、"文明要素"的组成与各自权重 /四四

第三章 从"一万年的文化史"到"五千多年的文明史"的发展史 /七九

　　一、"文明"形成历史发展中的两条"道路" /八五
　　二、黄河文化：中华民族根与魂的解读 /九〇
　　三、黄河流域中游地区的早期"文明" /九八

第四章　王国时代都城与陵墓之中华文明 /一一一

一、夏代文明 /一一三
二、商代文明 /一二四
三、周代文明 /一三七

第五章　中华五千多年不断裂文明的解读 /一四五

一、"国家"不断裂 /一五〇
二、"国民"不断裂 /一六六
三、"国土"不断裂 /一七九
四、"文字"及出土文献和传世典籍反映的
　　中华文明五千多年不断裂 /一八〇

第六章　中华五千多年不断裂文明传承中的发展脉络与历史逻辑 /一八五

一、古代都城规制理念一脉相承 /一八七
二、帝王陵墓形制发展变化 /一九三
三、礼制建筑与礼器发展变化 /二〇一

第七章　丝绸之路反映的有容乃大之下的中华文明 /二一三

一、对各条丝绸之路的基本认识 /二一六
二、丝绸之路的考古发现与研究 /二二〇
三、丝绸之路与"盛世"中国 /二三五

第八章　中华文明的国家文化：都城与陵墓反映的"中"与"中和" /二四一

一、择中建都　/二四四

二、择中建宫　/二四八

三、择中建殿　/二五一

四、"中"的强化：都城城门、宫门从"单门道"发展为"一门三道"与"一门五道"　/二五三

五、都城与皇城、宫城之"四面辟门"的"中和"理念　/二五七

六、古代都城从"轴线"到"双轴线"至"中轴线"的发展历程　/二五八

七、"左祖右社"与都城"中轴线"　/二六六

八、陵墓若都邑：陵墓及陵园之"中"与"中和"　/二六八

第九章　中华文明日用而不觉的文化基因　/二八三

一、中华文明的内部凝聚力与海纳百川的包容特质　/二八五

二、中华文明对外"有容乃大"与"和为贵"　/二八九

三、中华文明的"中"与"中和"文化基因下的"家国同构"与国家认同　/二九六

第十章　中华文明"突出特性"与"两个结合"阐释　/三〇三

一、中华文明的"连续性"　/三〇五
二、中华文明"创新性"及其
　　"连续性"的关系　/三〇八
三、中华文明的"统一性"　/三一五
四、中华文明的"包容性"　/三一八
五、中华文明的"和平性"　/三二一

第一章 『中』『华』与『中华』

一、"中"的解读

"中"字是一个"空间"概念,有的学者认为,"古人通过立表测影的执中活动造就了汉字的'中'",因此"中"字又与"立表"之"表"字一样书写为"丨",其与"中"为同义。[1] 目前知道的时代最早的"中"字在商代甲骨文中已经发现,那时的"中"体现出其象形文字特点,即在"中"字"口"的中部竖立"丨"(即"中"之初文),其上下部同方向一般各有"飘带"两条,即汉字中的"旗",还可理解为"旒",即是古代帝王的"冠"之前后下垂的"玉串"。据此可见甲骨文的"中"与"旗"应为同一字。古代旗子一般立于"中部""前面",可以说在空间上处于"居中""居前"位置。

考古发现揭示,中国先民对"中"的信仰与追求,至少可以上溯至遥远的新石器时代晚期。1987年,河南濮

---

[1] 参见冯时:《文明以止:上古的天文、思想与制度》,中国社会科学出版社2018年版,第127—128页。

阳西水坡发现了一座距今6400年的墓葬，墓主人左右两侧分别放置了蚌壳堆塑的"龙"与"虎"，这是目前考古发现最早的、同时出现于"一起"的"龙"与"虎"造型。"虎"是客观存在的动物，而"龙"是人们想象出来的"动物"，濮阳考古发现的"虎"与"龙"之"组合"是迄今所知时代最早的，这里的"龙"与"虎"是"东"与"西"方位的代表，属于天文学的"星座"。中国古代天文学中的星区划分使用的是"星官"系统，类似于西方的"星座"。"星官"系统把天空分为"三垣二十八宿"，《史记·天官书》中"二十八宿"又分为东、西、南、北四大星区，分别命名为"青龙""白虎""朱雀""玄武"。因此说濮阳45号墓的"龙""虎"应为象征天上东、西的二星座。

逝者足下有一象征"北斗"的蚌塑三角形图案，图案东部与东西向两根人的胫骨相连。北斗星与北极星又称"斗极"。《尔雅·释地》载："北戴斗极为空桐。"邢昺疏："斗，北斗也。极者，中宫天极星。"《晋书·天文志》卷十一记载："北极之下为天地之中。"这里的"中"从空间而言是其"核心"地位，而作为地"中"则代表着天"中"在人间社会的"延长"。

濮阳西水坡考古发现的新石器时代45号墓的墓室顶部为"弧形"，与墓室周壁相连，形似"天穹"，逝者脚下的"北斗"与上述遗迹折射出墓主人生前可能有"沟通天地"而"求中"活动的职责。清华简《保训》篇记载,"五帝时代"的最后之"帝"——虞舜,为了营建都城,而"求中"于"鬲茅","鬲茅"即古文献记载的"历山",在今河南濮阳与山东菏泽一带。《史记·货殖列传》记载,战国时代大商人范蠡"之陶,为朱公。朱公以为陶天下之中,诸侯四通,货物所交易也"。而"陶"即今鲁西南之定陶一带,其与濮阳相邻。可见,直至战国时代人们还认为菏泽、濮阳一带为"天下之中"。上述濮阳西水坡考古发现与《史记·五帝本纪》记载的关于"中"的理念在时空两个方面得到"互证"。

需要特别说明的是,濮阳西水坡考古发现的蚌塑"龙",是目前中华大地可以得到"佐证"的"龙"。

"龙"对于中国古代文化而言,至关重要,但是关于见诸报道的考古发现"龙"之界定问题,目前众说纷纭。

目前见诸报道考古发现的"龙"遗存最早为新石器时代中期,主要有:

1994年辽宁阜新查海遗址聚落中心广场发现史前时代石堆塑龙,全长19.70米,龙头部最宽处2米,龙身至尾部宽1米左右不等。其下压墓葬,有祭祀坑3个。根据碳-14年代测定,该遗址距今8000—7600年,这是考

| 甲骨文 | 金文 | 石鼓文 |

甲骨文、金文、石鼓文的"中"字

古学发现的年代最早、形体最大的堆塑龙形。[1]

内蒙古敖汉旗兴隆洼遗址出土的陶罐,发现有猪首蛇身的龙,其身上有以网格纹和错点纹表示的龙鳞,时代距今8000—7000年。[2]

新石器时代晚期考古发现与龙相关遗存主要有:

1987年5月至1988年9月,文物部门配合引黄调节池工程队,在河南濮阳县城西南隅西水坡,发掘出仰韶文化时期三组蚌塑龙虎图案。

第一组:发现于第45号墓,墓主男性,头南足北。

---

1 参见辛岩:《查海遗址发掘再获重大成果》,《中国文物报》1995年3月19日。
2 参见石云子:《致力于龙神探源研究的陆思贤认为龙起源于七八千年前的内蒙古》,《光明日报》1987年12月14日。

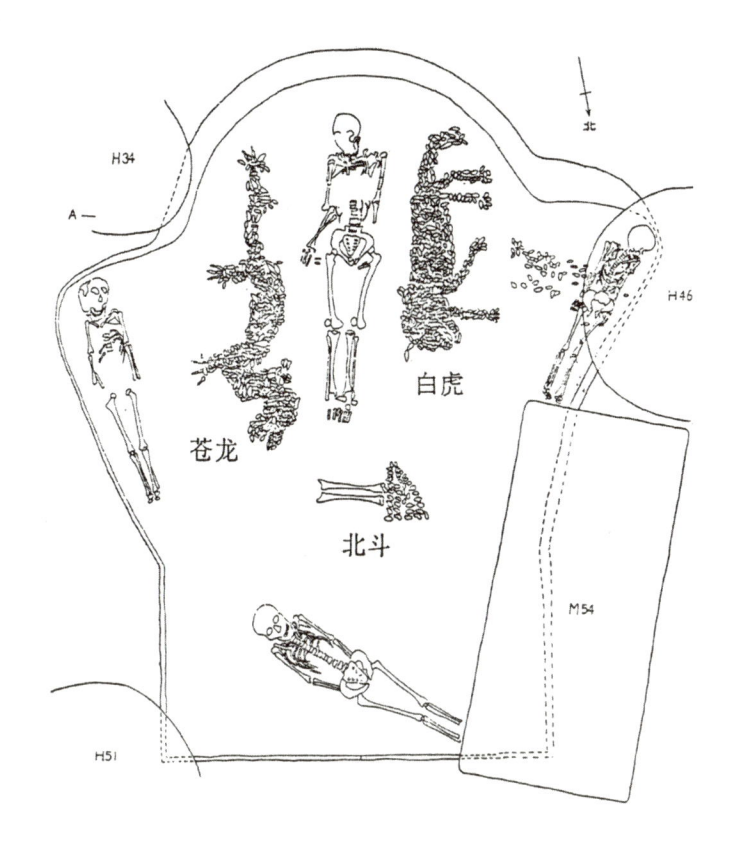

濮阳 M45 平面图

其右由蚌壳摆塑一龙，头北面东；其左由蚌壳摆塑一虎，头北面西。

第二组：距45号墓南20米，有蚌塑龙、虎、鹿和蜘蛛图案，龙、虎呈首尾南北相反的蝉联体，鹿则卧于虎背上，蜘蛛位于虎头部，在鹿与蜘蛛之间有一精制石斧。

第三组：在第二组南25米处是一条灰坑，呈东北至西南方向,内有人骑龙、人骑虎图案。这与传说"黄帝骑龙升天""颛顼乘龙而至四海"相符。另外,飞禽、蚌堆和零星蚌壳散布其间,似日月银河繁星。[1]

宝鸡北首岭遗址出土的蒜头瓶上有长身鱼纹的龙形图案,经碳-14年代测定,这件彩陶壶,距今6790+146年至6120+140年,头呈方形,巨腮,无角,饰鳞纹,[2]被认为是螭龙图像,属于仰韶文化半坡类型。

甘肃武山县西坪与傅家门遗址分别出土的两件陶瓶上,均绘有人面蛇身图案,通体以斜方格纹表示龙鳞。[3]

湖北天门石家河罗家柏岭发现的石家河文化龙形玉环。[4]

湖南澧县孙家岗石家河文化的透雕龙纹玉佩。[5]

湖北黄梅县白湖乡张城村焦墩遗址发现大溪文化时期(距今约6000年)的用卵石摆塑的一条巨龙,"龙全长4.46、高2.28、宽0.3—0.65米,昂首直身,曲颈卷尾,

---

[1] 参见濮阳西水坡遗址考古队:《1988年河南濮阳西水坡遗址发掘简报》,《考古》1989年第12期。
[2] 参见蔡易安:《中国龙凤艺术研究》,河南美术出版社1987年版。
[3] 参见李修松:《试论凌家滩玉龙、玉鹰、玉龟、玉版的文化内涵》,安徽省文物考古研究所编:《凌家滩文化研究》,文物出版社2006年版。
[4] 参见湖北省文物考古研究所、中国社会科学院考古研究所:《湖北石家河罗家柏岭新石器时代遗址》,《考古学报》1994年第2期。
[5] 参见湖南省文物考古研究所、澧县文物管理处:《澧县孙家岗新石器时代墓群发掘简报》,《文物》2000年第12期。

背部有三鳍，腹下伸三足，长颈曲折弯卷，独角上扬，恰似一条正在腾飞的巨龙"。[1]

浙江诸暨市楼家桥遗址考古发现陶盆有"龙"的刻画图像，"龙"的"龙角"可见，距今为 6000 多年。[2]

安徽省含山县境内的凌家滩遗址，距今约 5300 年左右，玉龙出土于凌家滩墓地 98M16 墓葬，长、短径分别为 4.4 厘米、3.9 厘米，厚 0.2 厘米。扁圆形弯曲勾连，吻部突出，头上有两角，脑门阴刻线条呈皱纹状，龙须、嘴、鼻、眼都刻划得较为清楚。龙体上阴刻 17 条线代表龙鳞。[3]

内蒙古翁牛特旗三星他拉遗址出土的"C"字形玉猪龙，上下两端的距离长达 26 厘米，经测定，属于距今 5000 多年的红山文化遗物。[4]

良渚文化的瑶山祭坛墓葬中也发现玉器上有龙形图案或龙形玉器，年代距今 5000 年左右。[5]

---

[1] 陈树祥：《黄梅发现新石器时代卵石摆塑巨龙》，《中国文物报》1993年8月22日；《中国考古学年鉴（1994）》，文物出版社1997年版，第228页。
[2] 参见蒋乐平：《浙江发现6000年前的"龙"》，《中国文物报》2000年1月23日。
[3] 参见安徽省文物考古研究所：《凌家滩——田野考古发掘报告之一》，文物出版社2006年版。
[4] 参见翁牛特旗文化馆：《内蒙古翁牛特旗三星他拉村发现玉龙》，《文物》1984年第6期。
[5] 参见浙江省文物考古研究所：《瑶山》，文物出版社2003年版。

山西襄汾陶寺遗址墓地发现的彩绘龙纹陶盘（M3072：6），敞口，斜折沿，通高8.8厘米，口径37厘米，底径15厘米，沿宽1.8厘米。陶盘为"泥质褐陶，或着黑陶衣，盘壁斜收成平底，外壁饰隐浅绳纹，内壁磨光，以红彩或红、白彩绘出蟠龙图案"。[1]

三代及秦汉时代以后考古发现的与龙相关遗存数量很多，如：

二里头遗址发现的"龙"纹图案的器物有陶器、铜牌饰与绿松石器等。其中，龙纹陶器如二里头遗址Ⅲ区出土的"透底器"，"在器体外壁上，攀附着立体雕塑的龙，皆为蛇形，小三角形头，细长身，身上有菱形花纹。均呈昂首游动状，自器壁透迤至肩上，蠢蠢探首欲上。其中一器有六龙，另一器有三龙，器身并饰有云雷纹"。[2] Ⅸ区出土一件陶塑龙头。[3] Ⅴ区出土一件陶盆[4]，"盆口内侧浮雕一条长龙，形体如蛇，昂首勾尾，身上有鳞纹，龙身上方阴刻

---

1 中国社会科学院考古研究所山西工作队、临汾地区文化局：《1978—1980年山西襄汾陶寺墓地发掘简报》，《考古》1983年第1期。
2 杜金鹏：《中国龙，华夏魂——试论偃师二里头遗址"龙文物"》，杜金鹏、许宏主编：《二里头遗址与二里头文化研究》，科学出版社2006年版，第104页。
3 参见中国社会科学院考古研究所：《中国考古学·夏商卷》，中国社会科学出版社2003年版，第128页。
4 参见许宏、陈国梁、赵海涛：《二里头遗址聚落形态的初步考察》，《考古》2004年第11期。

鱼纹一周"。此外，在二里头遗址考古发现的陶器陶片、陶范之上也有"龙纹"图案。[1] 关于龙纹图案的铜牌饰，杜金鹏根据目前考古发现统计，出土有3件，传世的这类文物有多件。[2] 在二里头遗址考古发现的所有龙纹或龙形遗物中，以2002年春3号墓（编号02VM3）墓主骨架上发现的绿松石龙形器最为重要。该龙形器由2000余片各种形状的绿松石片组合而成，松石龙为巨头，蜷尾，龙身起伏有致，色彩绚丽。龙身长64.5厘米，中部最宽处4厘米。[3]

　　河南郑州小双桥商代遗址出土的青铜构件上的"龙纹"。[4] 殷墟王陵M1001出土的仪仗器物有朱漆木雕交龙

1　参见中国社会科学院考古研究所：《偃师二里头1959年～1978年考古发掘报告》，中国大百科全书出版社1999年版。杜金鹏：《中国龙，华夏魂——试论偃师二里头遗址"龙文物"》，杜金鹏、许宏主编：《二里头遗址与二里头文化研究》，科学出版社2006年版。
2　参见中国社会科学院考古研究所二里头工作队：《1984年秋河南偃师二里头遗址发现的几座墓葬》，《考古》1986年第4期。中国社会科学院考古研究所二里头工作队：《1987年偃师二里头遗址墓发掘简报》，《考古》1992年第4期。杜金鹏：《中国龙，华夏魂——试论偃师二里头遗址"龙文物"》，杜金鹏、许宏主编：《二里头遗址与二里头文化研究》，科学出版社2006年版。
3　参见中国社会科学院考古研究所二里头工作队：《河南偃师市二里头遗址中心区的考古新发现》，《考古》2005年第7期。
4　参见河南省文物研究所：《郑州小双桥遗址的调查与试掘》，《郑州商城考古新发现与研究（1985—1992）》，中州古籍出版社1993年版。

图案牌饰[1]，妇好墓出土的铜盘、铜觥等器物之上的蟠龙纹、卷龙纹等。[2]

西周时代出土的青铜器之上的龙纹，多有发现，如陕西眉县出土西周方彝的龙纹。东周时代出土有龙纹的遗物，如战国时代曾侯乙墓出土漆箱之上的龙纹等。[3]秦咸阳宫宫殿建筑遗址考古发现了龙纹空心砖。[4]我们注意到，先秦时代的大型青铜礼器之上，龙纹并不是作为"主体"或"主要"纹饰，龙纹也不是使用于最重要的礼器之上的。把先秦时代的龙纹或"龙形器"作为当时具有"王权"或"最高"等级的纹饰、器物，还缺少相应的佐证。

汉景帝阳陵"陵庙"遗址（"罗经石遗址"）出土的龙纹、白虎纹、朱雀纹空心砖等[5]，汉长安城南郊礼制建筑遗址（"王莽九庙"遗址）考古发现的青龙纹、白虎纹、朱雀纹、玄武纹瓦当[6]，是非常有特色的龙纹、龙形器的遗

---

1 参见梁思永、高去寻：《侯家庄·第二本·1001号大墓》上册，图二十九，"中央研究院"历史语言研究所1962年版，第56页。
2 参见中国社会科学院考古研究所：《殷墟妇好墓》，文物出版社1980年版；中国社会科学院考古研究所：《殷墟青铜器》，文物出版社1985年版。
3 参见随县擂鼓墩一号墓考古发掘队：《湖北随县曾侯乙墓发掘简报》，《文物》1979年第7期。
4 参见陕西省考古研究所：《秦都咸阳考古报告》，科学出版社2004年版。
5 参见陕西省考古研究所：《汉阳陵》，重庆出版社2001年版。
6 参见中国社会科学院考古研究所：《西汉礼制建筑遗址》，文物出版社2003年版。

物。这些与"龙纹"同时发现的各种动物纹,即"四神纹",它们一般成组使用,象征着"空间"位置,所谓"左青龙,右白虎,前朱雀,后玄武"。

从目前有关考古发现报道的龙纹或龙形器之"龙"的类型来看,它们的差别还是比较大的,主要表现在龙的头部,至于其肢体,一般为爬行动物的"蛇"形或"鳄"形。目前学术界一般将古代的龙形分为"猪龙"(或称"马龙""熊龙")、"蛇龙"、"鳄龙"等类型,除了以上所说的几种,还有"鱼龙""狗龙""鸟龙"等。[1]

"猪龙":是以龙的头部来界定的,也有学者认为这类龙的头又似马头,因此也有称其为"马龙"的,还有学者认为这种"猪龙"的头部与"熊"相近。

属于"猪龙"的主要是辽西与内蒙古东南部地区发现的史前时期龙纹遗物,如辽宁阜新查海遗址的石堆塑龙;内蒙古敖汉旗兴隆洼遗址出土的陶罐之上,有刻画猪头蛇体的龙图像;内蒙古赤峰和辽宁西部山区一带,出土多件红山文化龙形玉器,主要是玉猪龙,头部似猪,躯体作蛇形,蜷曲若块状,长度一般在5~10厘米左右。红山文

---

[1] 参见李京华:《龙与考古研究》,中华炎黄文化研究会、河南省炎黄文化研究会、濮阳市人民政府编:《中华第一龙——'95濮阳"龙文化与中华民族"学术讨论会论文集》,中州古籍出版社2000年版,第152页。

化中关于龙的遗存，刘国祥将其分为两类："一类体蜷曲如环，首尾相接或相距甚近，头部较大，双耳呈圆形或圆尖状竖起，双目圆睁，吻部前伸，靠近头部偏中有一个圆形小孔。牛二 M4 出土 2 件，敖汉下洼、巴林右旗羊场、那斯台、巴林左旗尖山子各出土 1 件。另一类首尾明显分开，体弧曲呈 C 形，吻部前噘，双目呈梭形，未见双耳，颈后竖起一道弯勾状长髭，仅知三星他拉遗址出土 1 件。"他认为"红山文化玉猪龙显然处于玉龙发展的早期阶段，具有一定的原始特征，头部所雕猪首写实效果突出，由此说明龙的起源与猪有直接关系"。[1]

蛇龙：是以龙的肢体特点界定的，其实许多"猪龙""鳄龙"的肢体亦为"蛇龙"。属于"蛇龙"的主要考古发现是甘肃武山县西坪与傅家门遗址陶瓶龙纹图案，汉代画像石之上多有蛇龙形象。最早提出龙源于蛇的是闻一多先生。[2]

鳄龙：主要是指"龙"的"头"如鳄鱼头。中国古生

---

[1] 刘国祥：《红山文化玉器研究》，《东北文物考古论集》，科学出版社 2004 年版，第 194、205 页。
[2] 参见闻一多：《伏羲考》，《闻一多全集》3，湖北人民出版社 1993 年版。

物学奠基人杨钟健先生认为龙的原始形象来源于鳄。[1]20世纪80年代以来，不少学者主要根据历史文献记载，也提出龙是从鳄鱼发展来的。[2]

被认为属于"鳄龙"的史前龙纹遗物，主要有河南濮阳西水坡遗址蚌塑龙、山西陶寺遗址的龙纹陶盘之龙[3]、安徽凌家滩玉龙等。

从"猪龙""蛇龙"和"鳄龙"等不同的"龙"类型来看，与先秦、秦汉时代以后的龙最为接近的龙应是"鳄龙"。

上面我们列数了后人考古发现的许许多多的"龙"，我们知道，客观世界并没有"龙"这种动物存在，但是如

---

[1] 参见杨钟健：《演化的实证与过程》，科学出版社1957年版。周本雄：《山东兖州王因新石器时代遗址中的扬子鳄遗骸》，《考古学报》1982年第2期。段邦宁：《伏羲与龙虎文化考——论濮阳西水坡遗址中的龙和虎》，中华炎黄文化研究会、河南省炎黄文化研究会、濮阳市人民政府编：《中华第一龙——'95濮阳"龙文化与中华民族"学术讨论会论文集》，中州古籍出版社2000年版。

[2] 参见祁庆富：《养鳄与豢龙》，《博物》1981年第2期。陈留美在《龙——中华民族的魂魄》中指出："1985年，宋全忠提出龙为扬子鳄即中华鼍龙。1986年，周勋初提出：龙在上古并不神秘，龙的原型是扬子鳄，原始的雷神以扬子鳄为原型。鳄有一个很特殊的习性，即生活在湖海河泊里，下雨前吼叫，声如沉雷，冬眠春苏，远古人以为鳄与云、雷、雨是'以类相感'（见《艺文类聚》），所以认为龙能行云播雨。《藏器》曰：'鼍，形如龙，声甚畏，长一丈者，能吐气成云致雨。'"

[3] 参见中国社会科学院考古研究所山西工作队、临汾地区文化局：《1978—1980年山西襄汾陶寺墓地发掘简报》，《考古》1983年第1期。王克林：《龙图腾与夏族的起源》，《文物》1986年6期。

果从新石器时代中期考古发现报道的"龙"来看,"龙"至今已有8000多年历史。古人又是如何看待"龙"的呢?关于"龙"的含义,一般认为古人视其为"图腾",又有说"龙"是至高无上的"王权""皇权"的象征,还有的学者认为"龙"是"星象"的象征。我认为,"龙"在中国古代不同历史时期有着不同的含义,笼而统之地讨论古代的"龙"之意义,不能揭示当时人们对其确切的认知。

关于对"猪龙"的认识,刘国祥提出"猪龙"是由对"猪"的崇拜发展而来的。史前时代的"猪龙"以内蒙古东南部、辽西地区发现最多、时代最早,"从兴隆洼文化、赵宝沟文化、红山文化至夏家店下层文化,以猪作为崇拜和祭祀对象的传统历经4000余年而不衰,尽管不同时期崇拜形式及所蕴涵的寓意存在明显差别,但均以猪为核心题材"。"玉猪龙多数体蜷曲如环,首尾相接或相距较近;也有少数首尾明确分开,体弧曲呈'C'形。前者造型与环形玉玦有关,后者造型可能受到弯条形玉器的影响。因为环形玉玦和弯条形玉器均为兴隆洼文化玉器中的代表性器类,从中也体现出红山文化玉器对兴隆洼文化玉器的承继关系。"[1] 如果刘国祥的上述推断可以成立的话，我认为"猪龙"本质上不是"龙"，"猪龙"的头似猪头，而"C"形的躯体又如刘国祥所说是受兴隆洼文化的"环形玉玦"或"弯条形玉器"的影响。对此，林沄先生在《所谓"玉猪龙"并不是龙》一文中，进行了深刻论述："红山文化的所谓'玉猪龙'和凌家滩的玉龙，历经几千年后，在商代玉器中仍然鲜明地表现为两种不同承传的造型，而并不混同。可见，所谓的'玉猪龙'根本不是龙。"林沄先生进一步指出，"猪龙"不但不是"龙"，也不是"猪"，因此他提出"玉猪龙"还"不如恢复原先的名称，仍叫'兽形玉'为好"[2]。

"龙"是中国古代人们"创造"出来的，我们对"龙"的"本质"认识，只能遵循人类认识客体世界的规律：从"已知"探索"未知"。中国古代社会的经济是"农业经济"，"重农抑商"是中国古代社会长期以来的基本国策。"水"是农业的"命脉"，"龙"与"水"关系极为密切。刘一曼先生认为，殷墟出土甲骨卜辞说明，"龙与雨有密切关系"，"在龙的多种含义中，最重要的一种是神祇名。

---

1 刘国祥：《红山文化玉器研究》，《东北文物考古论集》，科学出版社2004年版，第206页。
2 林沄：《所谓"玉猪龙"并不是龙》，中国社会科学院考古研究所编：《二十一世纪的中国考古学——庆祝佟柱臣先生八十五华诞学术文集》，文物出版社2006年版，第247—248页。

龙是殷人心目中的神灵，与殷人的命运息息相关。殷人对龙进行祝祷，认为它可以带来福祐，带来农作物生长所需要的雨水，因而也将龙作为吉祥、美好的象征"。"在殷人的思想认识中，龙虽能升天，但其主要习性还是游于水中的。正因如此，殷代龙纹在盛水的器物中出现也就较其他的器物为多。这与甲骨卜辞记载龙与雨水有密切关系是相一致的。"[1] 裘锡圭先生对殷墟卜辞"其作龙于凡田，有雨"讨论时指出："作龙的目的在为凡田求雨，可知所谓'龙'就是求雨的土龙。"据此，他认为："《淮南子·地形》注说商汤遭旱作土龙以致雨，可能是确有根据的。"[2] 方酉生先生也认为："为什么人们对龙有如此深厚的感情？真正的原因就在于龙与农业所需要的雨水，有着十分密切的关系，与人们有切身利害关系的农作物的生长、收成好坏有密切的关系之故，离开这个本质，想找出别的什么原因，恐怕都是不可能得出正确的答案的。"[3]

---

[1] 刘一曼：《略论甲骨文与殷墟文物中的龙》，中华炎黄文化研究会、河南省炎黄文化研究会、濮阳市人民政府编：《2000濮阳龙文化与现代文明学术讨论会论文集》（一），中国经济文化出版社2003年版，第52、54页。

[2] 裘锡圭：《说卜辞的焚巫尪与作土龙》，胡厚宣主编：《甲骨文与殷商史》，上海古籍出版社1983年版。

[3] 方酉生：《从考古发现的实物龙谈龙文化》，中华炎黄文化研究会、河南省炎黄文化研究会、濮阳市人民政府编：《2000濮阳龙文化与现代文明学术讨论会论文集》（一），中国经济文化出版社2003年版，第105—106页。

但是，我们应该认识到，"龙"所涉及的"水"，主要是"雨水"，而"雨水"来自"天上"，因此可以说"龙"既是"天上"的，又是"水中"的。"龙"首先是"天上"的。"龙"作为"天上"的证据，莫过于"龙"的星象身份，"龙"的"星象"身份可能是其"第一身份"。冯时先生提出"龙的形象源于星象"，"农业文明的产生需要以准确的时间服务作为基础，……古代先民对于龙的崇拜事实上源于他们对于东方星宿的崇拜，而这一崇拜的缘起则在于龙星对于远古先民的授时作用"。[1]

基于上述分析，我认为中国古代最早的"龙"应该具备几个主要内容：一是，最早的"龙"应该从"星象"中寻找；二是，"龙"应该有"降雨"功能，或者说"龙"与"雨水"密不可分，"龙"应该是"脱胎"于"水生动物"；三是，"龙"的"降雨"及其对"水"的管控功能，决定了"龙"的"活动"空间，应该在需要"降雨"的"农业地区"。

对照田野考古发现的河南濮阳西水坡史前时期堆塑"龙"，这是属于"星象"的"龙"，它有着明确的"龙"和"虎"的基本"组合"关系。西水坡考古发现的

---

[1] 冯时：《龙的来源——一个古老文化现象的考古学观察》，《濮阳职业技术学院学报》2011年第5期。

"龙",有"虎"作为参照物,就这点而言,至今史前时期考古发现的所有"龙"之遗存,其"龙"的"身份"之确认,都无法与其相比。关于"龙"与"虎"组合的考古发现遗存甚多:河南郑州小双桥商代遗址出土的青铜建筑构件上的"龙"与"虎"的装饰题材,商代的"龙纹"刻石底部的"虎"形卣,西周时代的龙虎对称的青铜杖首,河南省三门峡上村岭出土的一面虢国的铜镜背面龙与虎图案[1],湖北省随县曾侯乙墓(战国前期,约公元前430年)漆箱盖上的图像。至于秦汉时代及以后的青龙、白虎、朱雀、玄武的"四神纹",考古发现数量更多。濮阳西水坡史前时期堆塑"龙"和"虎"应该是中国古代历史上时代最早的"龙虎"星象,当然也是可以确认的时代最早的"龙"。濮阳西水坡的"龙",是目前中国史前时代考古发现最早的可以认定为"星象"的"龙"。作为与其组合的"虎"与"北斗"遗迹,已经被天文史学者、天文考古学家一致认定为中国古代天文史上最早的"星象"。[2]

在中国古代的大陆之上,以黄河与长江中下游地区"农业"出现最早、持续时间最长、对社会历史发展影响

---

1 参见中国科学院考古研究所:《上村岭虢国墓地》,科学出版社1959年版。
2 参见陈美东:《中国科学技术史·天文学卷》,科学出版社2003年版;冯时:《中国天文考古学》,社会科学文献出版社2001年版。

最大。而黄河中下游与长江中下游两个地区的农业相比较而言，前者比后者更为"靠天吃饭"，更需要"龙"的"降水"。因此，"龙"首先出现在黄河中下游也就成为历史的必然。濮阳西水坡的地理位置恰恰就在黄河下游，"龙"在这里最早出现是必然的。

濮阳西水坡史前时期堆塑"龙"的"造型"，被大多数学者认为是鳄鱼之原型，因此也称其为"鳄龙"。正如许多考古学者所指出的，濮阳西水坡史前时期堆塑"鳄龙"与三代及汉唐以后的"龙"更接近，也就是说，中华民族崇拜的龙是从"鳄龙"发展而来的。[1]张明华先生认为，从商代开始，龙的形象渐趋统一，是政治渐趋统一、

---

[1] 高广仁、邵望平认为："'濮阳龙'与鳄的'亲缘'关系以及濮阳龙作为后世'中国龙'的直系祖先的观点，可以从商王朝礼器上已趋于定型的龙纹中得到证据。龙纹是商代礼器上较常见的纹样。多数商代龙纹具备了前述濮阳龙的基本特征，甲骨文中的龙字亦为大头、大口、突目，长身，是近乎鳄的象形字。商代龙与濮阳龙，即鳄龙、鼍龙的关系较之各色史前龙，如猪龙、熊龙、鱼龙、蛇龙等等更似近亲。有趣的是，多数商代龙所具有的另一特点，身被菱形花纹，正是鳄皮所特有的方形纹理的艺术再现。……从总体观之，商代已经基本定型的龙，其直系祖先非濮阳龙莫属。这不仅因为殷代文化与豫北仰韶文化之间可能存在的传承关系，而且因为濮阳即在商王畿范围之内，……而商代龙又成为后世3000年来不断变异、不断丰富起来的中国龙的祖型。"高广仁、邵望平：《"濮阳龙"产生的环境条件与社会背景》，中华炎黄文化研究会、河南省炎黄文化研究会、濮阳市人民政府编：《中华第一龙——'95濮阳"龙文化与中华民族"学术讨论会论文集》，中州古籍出版社2000年版，第122—123页。杨钟健：《演化的实证与过程》，科学出版社1957年版。

意识形态渐趋统一的必然结果。由于商周时期的政治、经济、文化中心在黄河流域，因此，中国龙的主体形象，至今与当地的先祖文化、仰韶文化的龙形——河南濮阳蚌壳堆塑"龙"基本一致。[1]

从"龙"与"星象"、"龙"与"水"及"雨"、"龙"应"脱胎"于"水生动物"、"龙"与"农业"、"龙"与"区域自然地理"、"龙"的"造型"等诸多方面的关系来看，考古发现的河南濮阳西水坡的堆塑"龙"完全与其相一致。

濮阳西水坡的堆塑"龙"的考古发现历史意义在于：这是目前所知中国古代历史上考古发现时代最早、被多学科所公认的"龙"；濮阳西水坡遗址的"龙"，是华夏文化与中华民族文化几千年来延续不断的"龙文化"（包括天文、农业等所派生的各种各样"文化"）的重要"文化遗传基因"；西水坡遗址的"龙"与"虎"的组合出现，一方面支撑了"龙"的科学依据，另一方面极大地"改写"了中国天文学史；西水坡遗址及其出土的"龙"，奠定了濮阳及其所在的黄河中下游地区在华夏文明形成与早期发展中的重要历史作用与核心历史地位。

---

[1] 参见张明华：《从中国早期的玉龙试析龙的起源》，台北故宫博物院：《故宫文物月刊》2000年总第203期。

需要指出的是，长期以来，"龙"被认为从史前已成为中华文化中的类似"图腾"的"圣物"。其实考古发现很难证明这一说法，因为在秦代都城——秦咸阳城第一号宫殿建筑遗址考古发现的多处"踏步"（台阶）使用龙纹空心砖，很难解释这样的"圣物"成为人们上下"踏步"脚下之物。而且这一习俗一直延续到西汉都城长安的宗庙礼制建筑中，其宗庙的东门踏步则为"龙纹空心砖"。再者，龙作为晚期皇室的"圣物"，考古学的实证如北宋皇陵的陵墓司马道两侧的石像生中最为"显著"的"华表"之上的纹饰即可反映出来，这就是北宋帝陵华表之上的龙纹，是古代帝陵华表之上出现最早的，从此形成了帝陵司马道石像生中的重要"制度"。不仅陵墓司马道石像生如此，都城皇宫正门之前亦东西对称竖立了"龙纹石华表"。

濮阳西水坡考古发现的 6400 年前的 M45 之中的蚌塑龙虎与"北斗"图像，学界一般认为是当时社会"上层""求中"的物证。中国二十四史首部《史记》的首篇是《五帝本纪》，其"第一帝"就是"黄帝"。黄帝立国于有熊国，历史文献记载，"有熊国"在今河南新郑。但是，"五帝"中的其他"四帝"颛顼、帝喾、唐尧、虞舜继承"王位"均不在"新郑"。《竹书纪年》《左传·昭公十七年》分别记载颛顼都"帝丘"，《左传·僖公三十一年》载："卫迁于帝丘。"杜预注："帝丘，今东郡濮阳县。"《史记·五帝本纪》载:"帝喾溉执中而遍天下。"《史记集解》徐广曰:"古'既'字作水旁(溉)。"《史记正义》曰:"言帝喾治民,若水之溉灌,平等而执中正,遍于天下也。"由此可以看出,帝喾治理国家遵循"求中",显示其"公平、公正"。清华简《保训》篇记载:"昔舜旧作小人,亲耕于历丘,恐求中,自稽厥志,不违于庶万姓之多欲。"《史记·五帝本纪》记载:舜"夫而后之中国践天子位焉,是为帝舜"。《史记集解》刘熙曰:"帝王所都为中,故曰中国。"可以说,这是有明确历史记载的濮阳早在上古时代已经是中华文明的最早"中国"所在地。在中华文明发展史上,很长一段时间都以"大濮阳"为中心地区,这也就是舜之后,商代晚期都城(殷墟)、东汉晚期至南北朝时期豫东北(邺城)曾经有多个王朝的都城均设置于此的原因之所在。

20世纪80年代至21世纪初,在山西襄汾陶寺城址(距今4300—1900年左右)相继发现的两座墓葬(M2200与ⅡM22),其中各自均出土了与"测中"有关的"槷表"遗物。有学者指出,这即古人测量"求中"方位的"槷表"或"圭表"。陶寺城址被学术界认为是"尧都平阳",上述两座墓葬之中的"槷表"或"圭表"也可能反映了墓主人生前的"测中"活动。

从中华文明"形成"之"五帝时代"的"尧都"与

"虞舜都邑"之"中"分别位于今晋南与豫东北、鲁西南，到夏商周王国时代，开启了国家中心徙之"大嵩山"地区。因此司马迁的《史记·货殖列传》记载，"昔唐人都河东，殷人都河内，周人都河南。夫三河在天下之中，若鼎足，王者所更居也，建国各数百千岁"[1]。

清华简《保训》篇记载，商汤的六世祖上甲微为夏禹"追中"（即"求中"）于"河"，"河"即"河洛"，即现在所说的"大嵩山"地区（包括现在的郑州市、洛阳市）。自20世纪50年代中后期以来，这里考古发现、发掘的属于夏商时代的都城遗址有夏代的登封王城岗遗址、新密新砦遗址、偃师二里头遗址等，考古发现的商代都邑有郑州商城遗址、偃师商城遗址、安阳洹北商城与殷墟遗址，西周都邑在洛阳发现的"成周"遗址等。

近年又在大嵩山地区的河南省巩义市河洛镇双槐树考古发现了距今约5300年的古代"都邑"，也有人称之为"河洛古国"。

上述五帝时代的都城或都邑选址均体现了"求中"原则，这正如张光直先生在《中国青铜时代》中所指出的，它们是"在一个整体性的宇宙形成论的框架里面创造出来

---

[1]《史记》卷一百二十九《货殖列传》，中华书局1959年版，第3262—3263页。

的"。濮阳西水坡6400年前M45考古发现的堆塑"龙"与"虎"及死者脚下之"北斗"与清华简《保训》篇中关于"五帝"之虞舜建都及上甲微为禹定都"大嵩山"地区的记载,就是如张光直先生所说的上古时代中国宇宙形成论的佐证。

"求中"从"五帝时代"的"都邑"选址开始,一直延续至今,五千多年始终未变,世代相承。

二、"华"的解读

关于"华"的溯源,需要从新石器时代仰韶文化庙底沟类型(现在亦称"庙底沟文化")谈起,庙底沟遗址位于三门峡市区西南的原陕州老城南关附近,距三门峡市区4千米,这是一处原始氏族公社的村落遗址,总面积约24万平方米。1956年9月至1957年3月,因建设三门峡大坝,文化部和中国科学院考古研究所组成黄河水库考古工作队,对该遗址进行了第一次大规模发掘。发掘面积4480平方米,共发现房屋3座、灰坑194个、窑址11座、墓葬156座,出土文物极其丰富。遗址年代距今5000多年。

它们与此前陕西西安发现的仰韶文化半坡类型风格迥异。同年，中国科学院考古研究所编著出版了田野考古报告——《庙底沟与三里桥》。仰韶文化的彩陶是其重要特点，学术界现在一般将仰韶文化彩陶分为半坡类型、庙底沟类型、秦王寨类型、马家窑类型等，它们的彩陶典型纹饰特点各有不同：马家窑类型纹饰为"同心圆纹"；秦王寨类型纹饰为"穗形"与睫毛形；半坡类型纹饰为"人面鱼纹"与"网鱼纹"；庙底沟类型纹饰为"花卉纹"，其以弧线组合风格为主，如菊科团、蔷薇科团与复合花卉图案特色尤为突出。

仰韶文化庙底沟类型文化属性的最大特色就是其彩陶的花卉纹。在北魏之前，在汉字中还没有"花"字，"華"亦即"花"。金文中已见"華"字，如命簋、毛公鼎的铭文中均有"華"。《诗经·周南·桃夭》载："桃之夭夭，灼灼其華。""華"是"华"的繁体字，它就似一簇盛开的花卉，比后来出现的"花"字更为形似。崇拜"花"（即"华"）的庙底沟文化人群，可以说是最早的"华人"。《后汉书·崔骃列传》载："春发其华，秋收其实，有始有极，爱登其质。"这里"华"之本意为"花"。苏秉琦先生认为，"仰韶文化庙底沟类型，可能就是形成华族核心的人们的遗存，庙底沟类型主要特征的花卉图案彩陶可能就是形成华族得名的由来"[1]。保留至现代的一些"地名""山名""人名"或"部族"之名，可能均与"華"有关，如黄河流域中游的"华县""华阴""华山""华胥""华国"等。春秋时期华山设"郑县"，秦为"宁秦县"，西汉高帝改"宁秦县"为"华阴县"。南北朝时期（554年）因更名为"华州"，"华州"因"华山"而得名，州辖"华县""华阴"。早在20世纪50年代，这一地区曾有大量"庙底沟类型"遗存重要考古发现。

有的学者认为，依据彩陶及其多出土于墓葬之内的背景，将庙底沟文化的彩陶解释为"礼器"功能是没有问题的。因此有专家说，庙底沟是开启"史前中国"的密码，是中华民族探源的起点。夏商周王朝直接上承公元前2600年至公元前2000年的中原龙山文化，中原龙山文化又源于庙底沟二期文化与庙底沟文化，它们成为中华五千多年不断裂的文明史的源头主干。

近百年的仰韶文化庙底沟类型考古发现与研究说明，庙底沟类型分布范围东到鲁豫交界，西至青海东部，北抵河套地区，南达汉水中游地区，其考古学文化影响范围更是扩及东部的大汶口文化、北方的红山文化与小朱山文

---

[1] 苏秉琦：《中国文明起源新探》，生活·读书·新知三联书店1999年版，第126—127页。

化、南部的淮河流域侯家寨文化、长江中下游的大溪文化与薛家岗文化等，庙底沟类型是史前中国境内分布范围最大、影响最为深远的新石器时代考古学文化。就其空间分布范围而言，庙底沟文化也是当时中国新石器时代的"中心地区"，其中河南西部、山西南部、陕西东部又是庙底沟文化的核心区。庙底沟文化是中华文明从史前萌发的起点，中华五千多年不断裂文明是从庙底沟文化核心区走出的。

三、"中华"的解读

庙底沟类型的"空间属性"之"中"，与其考古学"文化属性"的彩陶花卉纹之"华"，使"中"与"华"融为活动空间与文化内涵一体的"中华"。又见于历史文献记载，"中华"之名所指就是中原地区，如《晋书·殷仲堪传》载殷仲堪上奏云："盖定鼎中华，虑在后伏，所以分斗绝之势，开荷戟之路。"《魏书·礼志》载，"下迄魏、晋，赵、秦、二燕虽地据中华，德祚微浅"。

这就使我们认识到何以"中"与"华"相连形成"中华"。中华文明起源时期的"中华"主要就在庙底沟文化核心区的今三门峡地区——秦晋豫三地交界，随着历史的发展，以三门峡地区为核心地区的仰韶文化庙底沟类型向东发展，在"大嵩山"地区中华文明从"起源"发展为初步形成的"河洛古国"，进而历史车轮进入中华五千多年不断裂文明时代，最早王国均从这里扩展至"诸夏"并与东夷、西戎、南蛮、北狄联合形成此后与"秦汉时代"相连接的五千多年不断裂的、浑然一体的泱泱中华文明。

"中华"尽管有着久远历史，但是"中华"二字在历史文献记载中出现较晚，《晋书·天文志》载《天文经星·中宫》："东蕃四星，南第一星曰上相，其北，东太阳门也；第二星曰次相，其北，中华东门也……西蕃四星，南第一星曰上将，其北，西太阳门也；第二星曰次将，其北，中华西门也……"胡阿祥在《伟哉斯名——"中国"古今称谓研究》中提出："阳和阴，古人常用以表示天和地，而天地之间，中国为大，所谓'中于天地者为中国'（扬雄《法言·问道》）。然中国之名又不便用于宫门，于是从中国与华夏两个名号中各取一字，复合而成中华，以配合太阳、太阴之名。"[1]我们根据北魏早期都城——平城的情况来看，与上述说法有所不同。

---

[1] 胡阿祥：《伟哉斯名——"中国"古今称谓研究》，湖北教育出版社2000年版，第283页。

北魏平城（在今山西大同），由北向南，由宫城、外城、郭城组成。宫城是皇帝朝政办公与居住之所，宫城周长十里左右，开六门。南面三门，中为中阳门，左为朱明门，右为端门。宫城其他三面各一门，北面为中华门，西面为神龙门，东面为神虎门。大朝正殿为太极殿，位居宫城中央。中轴线上，两旁各有两排宫殿左右对称。南面中阳门前建双阙（现玄冬门北，还留有底座），左右对称。双阙之前左为祖庙，右为社稷坛。宫城之南为"外城"（即后代的"皇城"），城墙四面各辟三座城门。外城之南为郭城，郭城四面开四门，每面一门。都城中轴线北端起点为宫城北门"中华门"，向南依次为宫城中央的太极殿、南宫门中阳门、外城北城门之中部城门（顺德门）、外城南城门之中部城门（广夏门）、郭城北城门的中阳门、郭城南城门的永和门，形成贯穿全城南北的"中轴线"，而中华门就在北魏都城中轴线北端，平城中华门之重要显而易见。北魏平城中华门是目前知道古代都城城门中最早以"中华"命名的城门。中华东门与中华西门分别演变为东华门、西华门。

以魏晋南北朝时期来说，与天宫的中华东门、中华西门相对应，早期的"中华"多用为宫门名称。如西晋都城洛阳宫中有东中华门，十六国后赵邺都（今河北临漳县西南）宫中有西中华门，北魏都城洛阳宫中有中华门，梁朝都城建康（今江苏南京）宫中有东中华门、西中华门。南北政权的统治者都以中华命名宫门，可见中华名称在当时极受重视。

历经魏晋以降大约1800年的演变，"中华"涵盖了广袤疆域，凝聚了中华五千多年不断裂文明。

元代的王元亮《唐律释文》卷三载："中华者，中国也。亲被王教，自属中国，衣冠威仪，习俗孝悌，居身礼义，故谓之中华。非同夷狄之俗，被发左衽，雕体文身之俗也。"

四、"中华民族"的解读

谈及"中华文明"又涉及我们经常遇到的"中华民族"，"中华文明"是"中华民族"缔造的。如果说"中华"早在魏晋南北朝的历史文献记载中已经出现，那么"中华民族"一词的出现要晚至近代。1902年，梁启超在《论中国学术思想变迁之大势》中说，"中华民族之有四海思想者厥惟齐，故于其间产生两种观念焉，一曰国家观，二曰世界观"，首次提出"中华民族"的概念。清代末年，一些有识之士，如清朝八旗子弟托忒克·端方、爱新觉罗·载泽在《条陈化满汉畛域办法八条折》提出："满汉之界宜归大同"，"放弃满洲根本，化除满汉畛域，诸族相忘，混成一体"。此后一批清王朝满族留日学生在日本创建《大同报》发表文章指出："统合满汉蒙回藏为一大国民。"1921年巴达尔呼在北京创办的《蒙文大同报》上明确提出"五族共和"。可以说"中华民族"就是"国族"[1]。

虽然"中华民族"一词出现很晚，但是"中华民族"的形成历史可以追溯至秦汉时代。早在20世纪50年代初，范文澜先生在《学习》杂志1950年第3卷第1期发表的《中华民族的发展》中提出："嬴政建立起统一的中央集权的以汉族为基干的民族国家，这又是一个有极大重要性的历史事件，这可以说是伟大中国和伟大中华民族形成的开始。"秦始皇建立的多民族统一国家，这种"大一统"的国家根本制度，可以说一直在中国历史发展中延续着。因此说，今天的社会主义中国是从中华五千多年不断裂文明发展而来的。

---

[1] 黄兴涛：《重塑中华：近代中国"中华民族"观念研究》，北京师范大学出版社2017年版。

第二章 「文明」的定义及「文明要素」的组成与各自权重

一、"文明"的定义

（一）中国古代文献的"文明"解读

中国传统"文明"一词，在中国古代文献中多有保留，如《尚书·舜典》记载："曰若稽古，帝舜曰重华，协于帝。浚哲文明，温恭允塞，玄德升闻，乃命以位。"这些文字记载了历史伟人虞舜的崇高德行与远大智谋。在《周易》中多处保存着关于"文明"的记载，如《周易·乾·文言》载："见龙在田，天下文明。"孔颖达注疏："文明"是"有文章而光明也"。《周易·同人》载："文明以健，中正而应，君子正也。"《周易·贲》载："刚柔交错，天文也；文明以止，人文也。"《周易·明夷》载："内文明而外柔顺，以蒙大难，文王以之。"

以上历史文献记载的中国传统文明，体现了中国古代的"道德体系、知识体系和礼仪制度基础上的文明社会"[1]。冯时先生认为:"中国传统的文明观并不强调单纯的技术进步,其着意定义的首先就是作为个体的人的道德修养,进而延伸至对于人与物的认识所成就的知识,以及规范人类行为的礼仪制度。因此,中国文化所讲的文明,其根本追求乃是人通过修养道德而成就君子,古人认为,只有实现了个体的文明,才能形成群体的文明,并最终建立起文明的社会。这充分体现了中国文化的优秀传统。"[2]

(二)西方的"文明"解读

本书所谈的"文明"是近代以来从西方引进来的学术用语,尽管如此,在当前国内外学术界,关于"文明"的学术概念也是有着多种多样的说法,这样的研究现状,已经引起学术界的极大关注,为此近年来不少学者撰写了许多文章,倡议在进行"文明"之"探源""形成""发展"等诸多方面,首先应该有一界定清晰、学界形成"共识"的学术概念,这应该是"文明"研究之"急需"!

既然现在学术界使用的"文明"一词源于西方,易建平先生从"文明"词源学角度研究、解释西方"文

---

[1] 冯时:《文明论》,韩国河主编:《根与魂:考古学视野下不断裂中华文明研究》,科学出版社2022年版,第43页。

[2] 冯时:《文明论》,韩国河主编:《根与魂:考古学视野下不断裂中华文明研究》,科学出版社2022年版,第30页。

明",他认为"'Civiliz(s)ation'(文明)与'State'(国家)本是一家,最初的意思就是'城、城堡'。……从词源学上追溯,不管是'Civiliz(s)ation'(文明),还是'State'(国家),都与'Civiliz(s)ation'(文明)后来衍生意义上的'文化',包括所谓精神文化与物质文化,没有什么关系"。易建平进一步指出,现在有些考古学家将"文明"区分为"文化"与"社会"两大部分,我曾经考察了这两个词在古希腊文、古拉丁文、中世纪拉丁文、法文和英文等文字中的演变,从词源学角度看,上述分法并无根据。[1]这应该是符合关于"文明"的学术术语发展史的,因为17世纪以来,欧洲人类学家在探索人类社会发展状态时,使用的"文明"一词恰恰与易建平对西方"文明"的解读是一致的。18世纪德国人类学家约翰·戈特弗里德·冯·赫尔德提出人类的原始社会、野蛮社会与文明社会三个阶段。1877年美国人类学家路易斯·亨利·摩尔根(Lewis Henry Morgan)出版的《古代社会》提出人类社会分为"蒙昧""野蛮""文明"社会。

恩格斯1884年撰写、出版的《家庭、私有制和国家的起源》认为:"国家是文明社会的概括。"[2]

---

[1] 参见易建平:《从词源角度看"文明"与"国家"》,《历史研究》2010年第6期。
[2] 《马克思恩格斯选集》第四卷,人民出版社2012年版,第193页。

英国考古学家戈登·柴尔德在《城市革命》中提出，摩尔根《古代社会》中的"蒙昧时代""野蛮时代""文明时代"，分别对应考古学的旧石器时代、新石器时代与历史时代，"历史时代"也就是人类社会进入的国家时代。

英国当代考古学家保罗·巴恩（Paul Bahn）的《考古通史》认为："最早的原始文明并非仅有一种，各文明互相独立，在不同时期相继出现：公元前4000年末期出现的美索不达米亚文明和埃及文明；公元前2600年孕育的印度河流域文明；公元前2000年早期诞生的中国文明（中国考古学发现证明中国已有5000多年文明历史——引者注）；公元前2000年末期的中美洲文明和安第斯南美洲文明。与此同时，受周围已开化的邻居影响，各大文明附近逐渐衍生出次级文明。每一种文明都是独一无二的，不过彼此也存在某种共性。"[1]

（三）中国近现代的"文明"解读

中国近现代学术术语的"文明"，是由西方的"文明（civilization）"一词于19世纪60年代传入中国的，直至戊戌变法以前，一般译为"教化"，而将其译为西方

---

[1] ［英］保罗·巴恩编著：《考古通史》，杨佳慧译，天津人民出版社2021年版，第138页。

"文明"内涵（即"国家"意义）是进入20世纪以后的事情。黄遵宪于1879年出版的《日本杂事诗·新闻纸》中"文明"一词的使用，或可差强人意地视为现代"文明"概念完整出现的较早标志。黄遵宪说："一纸新闻出帝城，传来令甲更文明；曝檐父老私相语，未敢雌黄信口评。"梁启超是戊戌维新时期较早乐于使用新式"文明"概念并明确形成了带整体性现代"文明"观念的思想家。1896年，梁启超在其传诵一时的《变法通议》中，就赋予了发展"女学"以"文明"的名义，在《论女学》中他又强调提高妇女的智识和兴办女学，是"文明贵种"的必然行为。在他的带动和示范下，"文明"一词逐渐得到越来越多先进知识人的使用，以"文明"概念来思考中国的改革问题，并赋予这一概念以新的现代性价值标准，也开始渐成风气。[1]

夏鼐先生认为："现今史学界一般把'文明'一词用来以指一个社会已由氏族制度解体而进入有了国家组织的阶级社会的阶段。"他特别指出："欧洲的远古文化只有爱琴—米诺文化，因为它已有了文字，可以称为'文明'。此外，欧洲各地的各种史前文化，虽然有的已进入青铜时

---

[1] 参见黄兴涛：《晚清民初现代"文明"和"文化"概念的形成及其历史实践》，《近代史研究》2006年第6期。

代,甚至进入铁器时代,但都不称为'文明'。"[1]

邹衡提出:"文明的诞生和国家的出现应该是同步的,国家的形成也就意味着文明时代的开始。"[2]

关于"文明"的"定义"研究,目前存在的问题,正如夏鼐先生所说的:"有人以为'文明'这一名称,也可以用低标准来衡量,把文明的起源放在新石器时代中。不管怎样,文明是由'野蛮'的新石器时代的人创造出来的。现今考古学文献中,多使用'新石器革命'(neolithic revolution)一名辞来指人类发明农业和畜牧业而控制了食物的生产这一过程。经过了这个'革命',人类不再像旧石器或中石器时代的人那样,以渔猎采集经济为主,靠天吃饭。这是人类经济生活中一次大跃进,而为后来的文明的诞生创造了条件。"夏鼐先生进一步指出:"中国新石器时代主要文化中已具有一些带中国特色的文化因素。中国文明的形成过程是在这些因素的基础上发展的。但是文明的诞生是一种质变,一种飞跃。所以有人称它为在'新石器革命'之后的'都市革命'(urban revolution)。"[3] 而目前出现一种现象,在"文明"起源研究中的"泛文明",把"文明形成"与"国家出现"纳入

---

[1] 夏鼐:《中国文明的起源》,《文物》1985年第8期。
[2] 邹衡:《中国文明的诞生》,《文物》1987年第12期。
[3] 夏鼐:《中国文明的起源》,《文物》1985年第8期。

"史前"的"新石器时代"本身是不妥的，如果说"新石器时代"形成"文明"，进入"国家"时代，那么就需要将"新石器时代"年代学下限向上推至"新石器时代"没有发生"都市革命"与"文明社会"的"质变"与"飞跃"之前。现在"古代文明"研究不能仅仅停留于"过程"，而是需要得出"文明形成""国家出现"的时空"质变点"，一定要把考古学上的从"新石器时代革命"到"城市革命"（"都市革命"）的"质变"时空节点科学界定，不能模棱两可。

2020年9月28日，习近平总书记在中共中央政治局第二十三次集体学习时提出中国有着"百万年的人类史""一万年的文化史""五千多年的文明史"的概念。[1] 这是中国历史的不同社会形态，这里的"人类史""文化史""文明史"，前二者属于历史学的"史前史"，后者（文明史）属于中国进入"国家"时代的历史。与考古学对应的是"旧石器时代""新石器时代""历史时代"。与摩尔根的《古代社会》相对应的是蒙昧时代、野蛮时代与文明时代。

现在古代文明研究中，出现"文明"概念"外

---

[1] 习近平：《建设中国特色中国风格中国气派的考古学 更好认识源远流长博大精深的中华文明》，《求是》2020年第23期。

延""泛化","文明"与"文化"二者混淆不清的现象比较普遍,只有解决了这些问题,才能使"文明"学术研究健康发展。

二、"文明要素"的组成与各自权重

(一)中国历史文献的"文明要素"

从中国古代历史文献记载来看,就学术发展史而言,中华先民早在五千多年前已经将城市(都城或都邑)、文字、金属器作为"国家"的必备条件。

中国第一部纪传体通史——《史记》的科学性,从甲骨文到商王编年的确认与《殷本纪》可信,再至《夏本纪》《五帝本纪》非空穴来风、《中外历史年表》将其列为正史等得到了佐证。《史记》将黄帝作为第一篇《五帝本纪》之"第一帝",作为时代历史的伟人,开启了中国历史,同时黄帝也成为"中国"之"第一国父","五帝时代"进入"文明"(国家),这时有了国家及都城(有熊国)、文字(仓颉造字)、金属冶铸(黄帝铸鼎原)与"祭祀"。

中国考古百年发现，如距今五千年左右的黄河中下游地区上古时代城址与铸铜遗存及尧都（陶寺城址）平阳的文字发现，佐证了上述《史记》的记载。

1. 城市："中国""有熊国"

《史记》被公认为中国第一部纪传体通史，其开篇就是《五帝本纪》，其中记载了中华民族"人文始祖"黄帝"居于轩辕之丘"。《史记集解》皇甫谧曰："受国于有熊，居轩辕之丘，故因以为名。"于此"有熊"即黄帝所建立国家都邑的名称。《五帝本纪》又载，虞舜"而后之中国践天子位焉，是为帝舜"。《史记集解》刘熙曰："帝王所都为中，故曰中国。"出土文献清华简《保训》篇记载，虞舜建都，"求中于历山"。《史记正义》引《帝王纪》云："尧都平阳，于《诗》为唐国。"《汉书·地理志》河东郡平阳县注引应劭曰："尧都也，在平河之阳。"

2. 仓颉造字

关于中华先民对"文字"的认知，历史文献记载有仓颉造字。《荀子·解蔽》记载："好书者众矣，而仓颉独传者，壹也。"《韩非子·五蠹》载："古者苍颉之作书也，自环者谓之私，背私谓之公。"《吕氏春秋》记载："奚仲作车，仓颉作书。"《淮南子·本经训》载："昔者，仓颉作书而天雨粟，鬼夜哭。"《说文解字·序》记载："仓颉之初作书，盖依类象形，故谓之文；其后形声相益，即谓之字。"史书记载仓颉是黄帝的"左史官"。前面所述历史文献记载的"仓颉造字"之说，还需要得到考古发现的佐证。但是，这显示出中华先民在久远的时代，已经把文字的发明与使用视为惊天动地的大事。目前考古发现的文字，以殷墟甲骨文最著名，它已经是成熟的文字。作为一种成熟的文字，它应该有一个漫长的历史发展过程，越是原始文字，其发展越是"缓慢"。至于中华"汉字"何时从"纪事"之"符号"发展为文字，考古学家在不断探索，中华大地不断考古新发现，也越来越刷新人们的认知。如2003年，在浙江嘉兴平湖市林埭镇群丰村考古发现的庄桥坟遗址属于距今5000多年的良渚文化遗址，其中出土的240余件器物之上，发现有刻画符号，其中两件残破石钺上的6个符号引人注意，发掘者认为每个符号的笔画不超过5笔，只是笔痕较浅、风格略有不同，其余符号刻画的方法基本一致，说明其刻画方式和笔顺都比较规范。这些石钺上的符号是文字，还是"原始刻符"？当然，这样的"刻符"从距今8000多年的贾湖遗址到距今5000多年的青墩遗址，其考古发现不可为不多，但现在还没有取得共识。

3. 金属器：黄帝铸鼎

《史记·孝武本纪》载："黄帝采首山铜，铸鼎于荆山下。鼎既成，有龙垂胡髯下迎黄帝。黄帝上骑，群臣后宫从上龙七十余人，龙乃上去。余小臣不得上，乃悉持龙髯，龙髯拔，堕黄帝之弓。百姓仰望黄帝既上天，乃抱其弓与龙胡髯号，故后世因名其处曰鼎湖，其弓曰乌号。"

黄帝铸鼎的记载，连同距今5000多年前的"都邑"遗址的考古发现，并被先秦、秦汉时代学者作为"国家"的集中体现所记载下来，恰恰说明中华先民对于"文明要素"的深刻认知。

上述"文明"的"要素"在"文明"起源、形成与发展历史上的"权重"如何，是研究"文明"的重要学术内容。

4. 国之大事，在祀与戎（《左传·成公十三年》）

所谓"祀"即"祭祀"，祭祀活动需要祭祀"平台"与"物品"。祭祀平台主要有宗庙、社稷、明堂、辟雍、圜丘（南郊，天坛）、地坛（北郊）及陵寝建筑与其他国家祭祀平台等。不同时代、不同地区祭祀物品各有所不同，一般人类历史进入"文明时代"主要为青铜礼器与玉礼器。

"礼器"作为文明形成的重要物化载体之一，成为中华文明在世界文明研究中的一个特色。中国历史上的礼器有很多，哪些礼器又与中华文明、中华五千多年不断裂文明密切相关呢？一般认为青铜礼器与玉礼器无疑是中华五千多年不断裂文明中最为重要的礼器，而二者之中的

"青铜鼎"和"玉圭"又是青铜器与玉器的重中之重。

（二）近现代学术界提出的"文明要素"

长期以来学术界一般认为"城市""金属器""文字"的出现与应用，是人类进入文明的"标识物"，也就是学术上所说的"文明"形成的"三要素"。中国学者经过近一个世纪孜孜不倦的求索，提出中华文明形成的"四要素"："都邑"（即"城市"）、"金属器"、"文字"和"礼制与礼器"。

近现代学术界提出的"文明要素"与中国历史文献记载中筛选出来的"文明要素"似乎基本相同，这是偶然巧合还是什么原因，现在还不清楚。

1. 城市

在人类社会"文明形成"的"前夜"已经出现了一些比史前一般"聚落"更为复杂的社会现象的遗存，它们虽然已经在某些方面具有了"文明"的"影子"，但是从社会发展史来看，还没有发现这些"文明社会"的"质变点"，它们与后继的"夏商周"的王国时代文明，很难寻找到历史主体方面的"传承"关系。如良渚古城遗址、牛河梁遗址（庙、坛、冢）等，很难找到它们与其后"王国时代"的"夏商周"的"文明"联系。

不少学者认为城市（都邑）在古代文明形成中的重要

性是十分突出的。需要指出的是，人类"文明史"研究中的"城市"，指的不是近现代意义上的"城市"，它应该是恩格斯在《家庭、私有制和国家的起源》中提到的"城市"，即"在新的设防城市的周围屹立着高峻的墙壁并非无故：它们的堑壕成了氏族制度的墓穴，而它们的城楼已经高耸入文明时代了"[1]。这里恩格斯又以"设防城市"的"墙壁""城楼""堑壕"的出现作为进入"文明时代"的标志。而这种"城市"实际上是当时社会的"政治、军事中心"。

柴尔德称城市出现与文明（国家）形成是人类历史上继史前"农业革命"之后的"第二次革命"，即"城市革命"。它是相对新石器时代的"农业革命"而言的。

"都市"（城市）与"文明"可谓"同义语"，夏鼐先生说，"文明的诞生是一种质变，一种飞跃。所以有人称它为在'新石器革命'之后的'都市革命'（urban revolution）"。

邹衡认为，文明与国家是同步发展的，中国古代国家的体现是设置一系列统治机构的城市出现。

张光直先生提出："在人类社会史的研究上，城市的

---

[1] 恩格斯：《家庭、私有制和国家的起源》，人民出版社2018年版，第183页。

初现是当作一项重要的里程碑来看待的。"[1]

邵望平认为，城市作为主要的文明因素是众所公认的，城市的出现是文明社会已经形成的象征，反映了不同的社会结构。

英国著名考古学家保罗·巴恩认为，从考古学角度来讲，文明最显著的一个特点是城市化，即城市的出现。

王国维认为："都邑者，政治与文化之标征也。"[2] 都城的重要性，决定了历代最高统治者均将都城选址视为国之大事，所谓"卜都定鼎，计及万世"[3]。

考古学史显示，探索人类历史"文明"，正如陈星灿指出的："坚持正确的研究导向和研究方法，构建有中国特色的文明理论。中华文明探源工程研究始终坚持以马克思主义为指导，坚持'国家是文明社会的概括'，以国家的出现作为进入文明社会的根本标志。"[4] 从考古学学科特点来说，"国家"的"根本标志"首选的物化载体就是"国家"的"都城"。如中国百年考古在探索中华文明的考古学实践中，在基本究明史前考古内涵，进一步从"史

---

1 张光直：《关于中国初期"城市"这个概念》，《文物》1985年第2期。
2 王国维：《殷周制度论》，《观堂集林》第二册，中华书局1959年版，第451页。
3 徐元文：《序》，顾炎武：《历代宅京记》，中华书局1984年版，第3页。
4 陈星灿：《从中华文明探源工程谈文物和文化遗产的保护、管理和利用》，《中国社会科学报》2022年7月11日。

前社会"探寻"文明"("国家")形成时,就把其最重要的物化载体之"标志"集中于"都城""都邑"遗址,这也是百年中国考古积累的重要经验。从百年中国考古学术史可以看到,由中国政府主持的国家考古,首选项目是1928年开始的"殷墟"考古发掘（商代都城遗址）；新中国成立伊始,国家开展的重要田野考古工作有"大嵩山"地区夏代都城登封王城岗遗址、新密新砦城址与偃师二里头遗址,商代都城"郑州商城遗址""偃师商城遗址""殷墟"与"洹北商城遗址",西周都城"丰镐遗址""周原遗址"与洛阳"成周遗址"、东周都城"洛阳王城遗址",东周时期的"秦雍城遗址""秦栎阳城遗址""秦咸阳城遗址""齐临淄城遗址""燕下都遗址""赵邯郸故城遗址""魏安邑古城遗址""郑韩故城遗址""楚纪南故城遗址"等,以及"帝国时代"的"秦阿房宫遗址""汉长安城遗址"与"汉魏洛阳城遗址""北魏洛阳城遗址""隋唐两京：长安城与洛阳城遗址""北宋东京城遗址""南宋临安城遗址""金中都遗址""元大都遗址""明清北京城遗址"等。

此外还有对作为古代都城附近的"若都邑"之帝王陵墓开展的大量考古工作,如20世纪30年代的殷墟西北岗商王陵的考古发掘、朱希祖等六朝陵墓的调查,20世纪50年代及其以后的南唐二陵、明定陵、西汉中山王"满城汉墓"、殷墟商代王后"妇好墓"、北京"大葆台汉墓"（西汉王陵）、西汉汉宣帝"杜陵陵寝建筑群"、广州西汉"南越王墓""曾侯乙墓"（周代曾国王陵）、战国时代中山国王陵"礜墓"、浙江印山"越王陵"、西汉芒砀山"梁国王陵"、徐州狮子山与北洞山西汉"楚王陵"、唐僖宗靖陵、宋太宗元德李后陵、辽庆陵（包括辽圣宗永庆陵、辽兴宗永兴陵、辽兴宗之子永福陵）等陵墓的发掘。大量帝王陵墓进行了系统考古调查、勘探，如战国时代秦公陵、临淄齐王陵、易县燕王陵、邯郸赵王陵、魏王陵、郑韩故城的郑国与韩国的王陵、楚王陵等，有的还对陵区的陪葬坑、礼制建筑进行了重点考古发掘。更对一批古代帝王陵墓及其陵区进行了全面深入的考古调查、勘探，对与其相关的地面陵寝建筑进行了考古发掘，如秦始皇陵兵马俑坑与陵园形制、西汉十一陵、唐十八陵、洛阳北邙山古代帝王陵墓、巩义宋陵、宁夏西夏王陵、辽上京辽帝陵、北京周口店金陵、南京明孝陵与北京明十三陵、清东陵与清西陵等考古调查。这些考古工作，使我们对中国古代帝王陵寝制度及其所折射出的中华传统文化有了深入了解与全面认识。

上述古代国家都城与帝王陵墓，属于"国之大者"的考古项目，无疑成为中华五千多年不断裂文明考古学研究的重中之重！因此，20世纪90年代中期开始的"夏商周断代工程",其主要课题是属于夏代早、中、晚期的河南登封王城岗城址("禹都阳城")、禹州瓦店城址(禹、启之"阳翟")、新密新砦城址(夏启"黄台")与偃师二里头城址等,商代早、中、晚期的郑州商城、偃师商城、洹北商城与殷墟遗址,西周丰镐遗址及其帝王陵墓等。通过上述都城、都邑遗址的年代学研究,可解决夏商周的王朝出现与更替时代,从而解决"夏商周断代"学术问题。21世纪启动的"中华文明探源工程",其考古学核心项目也是都城(或都邑)遗址考古,即"文明"的"质变点"是"国家"的形成、出现。

"中华文明探源工程"的核心课题是作为"国家"的"都城"或"都邑"项目,其中包括了有可能属于区域性都城或都邑"起源"的浙江"良渚城址"、辽宁"牛河梁遗址",以及最早"迈进""文明门槛"的山西"陶寺城址"、陕西"石峁城址"等,这是解决"国家"如何形成、"王朝"如何更替与文明如何形成等问题的标志性"考古遗存"。

都城实际上是"文明"诸要素之中的"集大成"者。构成文明的"四大要素"中的"城市""文字""金属器""礼器与礼制建筑",在考古发现里,主要集中于"都城"遗址。世界考古学与中国考古学的学术发展史已经说明,一般而言,古代都邑、都城是"文明"的最具代表性的物化载体,是考古学研究"国家"的"龙头课题"。

在中国考古学史上,安阳殷墟1928年开始的考古发掘研究,有着典型的学术意义。开始发掘主持者"还是为了通过田野考古活动,寻找遗址区内遗留的甲骨",并不是将其作为都城遗址考古来进行的。中央研究院历史语言研究所所长傅斯年所作的第一次工作报告(《国立中央研究院十七年度(1928年)总报告》)指出:"安阳之殷故墟,于三十年前出现所谓龟甲文字者;此种材料,至海宁王国维手中,成极重大之发明。但古学知识,不仅在于文字;无文字之器物,亦是研究要件;地下情形之知识,乃为近代考古学所最要求者。若仅为取得文字而从事发掘,所得者一,所损者千矣。"

中国古代都城之中包括了国家职能"平台"的"宫殿"与"衙署"等国家行政机关,还有作为"国家文化"平台的"宗庙""社稷""明堂"等"礼制建筑"及其"礼器"。有些"礼器"与"礼制建筑"还存在于都城附近的"视死如生"的"陵墓"或"高等级墓葬"之中。因此在"文明"与"国家"形成的考古学研究中,首选的田野考古工作对象就是"城址"(即都城、都邑遗址)。

如"夏商周断代工程",其考古学课题主要是登封王城岗城址、禹州瓦店城址(阳翟城)、新密新砦城址(黄台城址)、偃师二里头遗址、郑州商城遗址、偃师商城遗址、殷墟与西周丰镐遗址等。通过对都城遗址的考古学研究及自然科学技术在这一考古学研究中的应用，探索"夏商周王朝年代"。至于21世纪初提出的"中华文明探源工程预研究"（第一期）的重要考古学研究对象，不过是以夏商周都城为基点，在相近自然地理环境与社会活动空间，探寻早于其时代的"都邑"级遗存，从"已知"探寻"未知"的"三代"之前的以"都邑"为"核心"的"文明"遗存。

2.文字

有的学者认为，文字是社会发展到一定阶段所须臾不离的重要"工具"，就世界上绝大多数国家、地区而言，它与文明形成、国家出现密切相关。不少历史学家、考古学家将人类文字的发明与使用作为"文明"与"国家"形成的重要条件。如：

路易斯·亨利·摩尔根指出，文明社会"始于标音字母的发明和文字的使用"[1]。

恩格斯认为，"文明史"是"有文字记载的全部历史"，反之则为"人类的史前史"。

夏鼐先生提出，在文明形成的城市、文字与冶炼金属

---

[1] ［美］路易斯·亨利·摩尔根：《古代社会》上册，杨东莼等译，商务印书馆1981年版，第12页。

"标志"中,"以文字最为重要"[1]。

邹衡认为,"文字应该是文明最重要的标志"[2]。

尽管一些学者认为"文字"作为"文明要素"有着十分突出的重要作用,但是更多的学者认为,在"文明"的形成中"文字"并不是"核心"之"要素",也不是"文明"形成中"必备"的"要素"。比如:秘鲁的印加古文明仅有"结绳记事",而无文字。古代匈奴虽已建立国家,但是据《史记·匈奴列传》记载,匈奴"毋文书,以言语为约束"。

3. 金属器

金属冶炼与金属器制造作为古代文明的"要素",主要因其是制造"工具""兵器"与"礼器"的重要原料。无疑,"工具"是生产力发展的"最活跃""最重要"的"要素"。对于"文明"(即"国家")的形成与发展,"兵器"是"军事"必备手段,如同"工具"之于生产,而"军事"又是"政治"的最高表现形式,"军事"之于"国家"的重要意义是不言而喻的。青铜礼器为先秦时代"祭祀"活动的物化载体,《左传》记载,"祀与戎"为国之大事。因此,有些研究者甚至将"青铜时代"与"早期文

---

[1] 夏鼐:《中国文明的起源》,《文物》1985年第8期。
[2] 邹衡:《中国文明的诞生》,《文物》1987年第12期。

明"视为等同。

生产工具是历史发展的决定性因素。关于"工具"重要性的认识,恩格斯在《家庭、私有制和国家的起源》中指出,蒙昧时代的"中级阶段""从采用鱼类(我们把虾类、贝壳类及其他水栖动物都算在内)作为食物和使用火开始"。"高级阶段""从弓箭的发明开始……弓箭对于蒙昧时代,正如铁剑对于野蛮时代和火器对于文明时代一样,乃是决定性的武器"。野蛮时代的"低级阶段""从学会制陶术开始"。"中级阶段""在东大陆,是从驯养家畜开始;在西大陆,是从靠灌溉之助栽培食用植物以及在建筑上使用土坯(即用阳光晒干的砖)和石头开始"。"高级阶段""从铁矿石的冶炼开始,并由于拼音文字的发明及其应用于文献记录而过渡到文明时代"。[1] 考古学家把人类社会历史概括为石器时代、青铜时代、铁器时代等,这恰恰与中国史学界传统所说的"原始社会"、夏商周"奴隶社会"、秦汉及以后的"封建社会"相对应。由此也可以清楚地看出,"工具"(主要包括生产工具与兵器)之于考古学家认识历史上的不同社会形态的重要性。可以说"工具"发展是古代社会形态变化的基础。对于研究人类历史

---

[1] 《马克思恩格斯文集》第四卷,人民出版社2009年版,第33、34、35、37页。

而言,"工具"尚且如此重要,我们的科学研究更应如此。人类科学史的实践也充分说明,"工具"发展史是科学史研究的核心。借此我也进一步体会到科技是"第一生产力",这是人类古今历史发展的一个规律性东西。

考古学是以古代物质遗存研究历史的科学。就考古学而言,在所有古代物质遗存中,没有什么比石器、铜器和铁器更重要的了。考古学时间框架的石器时代、铜器时代和铁器时代,足以说明以"石""铜"和"铁"为材料的"器"之重要。

在西方世界,"从铁矿石的冶炼开始,并由于拼音文字的发明及其应用于文献记录而过渡到文明时代"。在东方、在中国,铁器的出现与发展,迎来了辉煌的春秋战国时代,铸就了伟大的秦汉帝国,形成了以汉族为主体的中华民族。"中国独特的、唯一的、世界最早的生铁与生铁炼钢技术奠定了中国古代文明以至于现代文明的基础"[1]。

马克思在《哲学的贫困》中指出:"社会关系和生产力密切相联。随着新生产力的获得,人们改变自己的生产方式,随着生产方式即谋生的方式的改变,人们也就会改变自己的一切社会关系。手推磨产生的是封建主的社会,

---

[1] 柯俊:《发挥科学技术在考古中的重要作用》,《光明日报》2004年12月3日。

蒸汽磨产生的是工业资本家的社会。"[1] 这里马克思把手推磨、蒸汽磨与封建主、资本家相联系，绝不是简单的"比喻"，他强调的是"工具"之于人类社会的重要性。

"生产力"的主要物化载体就是生产工具。马克思说："各种经济时代的区别，不在于生产什么，而在于怎样生产，用什么劳动资料生产。劳动资料不仅是人类劳动力发展的测量器，而且是劳动借以进行的社会关系的指示器。"[2] 马克思在《机器。自然力和科学的应用》中，从世界史的角度进一步指出科学技术史与社会史的密切关系："火药、指南针、印刷术——这是预告资产阶级社会到来的三大发明。火药把骑士阶层炸得粉碎，指南针打开了世界市场并建立了殖民地，而印刷术则变成新教的工具，总的来说变成科学复兴的手段，变成对精神发展创造必要前提的最强大的杠杆。"[3] 中国考古学家以物质文化作为切入点，通过田野考古发掘与研究，更真实、更准确、更科学地探索出中国大地的历史发展规律：打制石器与旧石器时代相伴，磨制石器与新石器时代相伴（包括栽培农业、家畜驯养、陶器制造），金属器的金石并用、青铜时代与国家形成、王国时代相伴，铁器与多民族统一中央集权帝国

---

1 《马克思恩格斯选集》第一卷，人民出版社2012年版，第222页。
2 马克思:《资本论（纪念版）》第一卷，人民出版社2018年版，第210页。
3 《马克思恩格斯文集》第八卷，人民出版社2009年版，第338页。

时代相伴("盐铁官营""货币官铸""重农抑商")。从石器、青铜器、铁器、蒸汽机,与之对应存在的是相应社会形态——原始社会、奴隶社会、封建社会、资本主义社会,由此可见,是"物质"决定"社会形态",不是"社会形态"决定"物质"(主要指"生产工具")。而"物质"(主要为工具与材料)的变化导致"社会形态"的变化,因为科技是"第一生产力",考古学就把材料、工具等的制造、使用及其"社会效果"研究,作为探索人类及中华文明社会历史的重要途径。考古学这一方法论,正如马克思在《资本论》中所说的:"工艺学揭示出人对自然的能动关系,人的生活的直接生产过程,从而人的社会生活关系和由此产生的精神观念的直接生产过程。"[1]

4. 礼制与礼器

谈到"礼制与礼器",礼制以礼制建筑及其"形而上"的礼制"思想"及礼器成为完整的中华文明中的"礼制社会"。礼制与礼器通过"祭祀"活动而出现于社会。而中华文明将"祀与戎"作为国家大事。因此说,礼制与礼器是中华文明的极为重要的要素。礼制与礼器离不开中国古代历史文献、儒家经典"三礼"——《周礼》《仪礼》

---

[1] 马克思:《资本论(纪念版)》第一卷,人民出版社2018年版,第429页注89。

和《礼记》。其中,《周礼》是记载中国古代政治制度的书,《仪礼》的内容是中国古代礼仪,《礼记》是阐释礼的功能与意义的著作。"三礼",是古代社会礼仪制度和礼仪理论的总汇,是王国时代与帝国时代国家典章制度、道德规范的理论总汇,是中国古代社会的特殊"法学"百科全书,是中华文明地方特色的"贤明政治"的集大成,在中华五千多年不断裂文明历史进程中,在中华民族优秀历史文化形成与发展中,发挥着重要作用,成为中华文明的重要特色!

祭祀是华夏礼典的一部分,是儒家礼仪中的主要部分,礼有五经,莫重于祭,是以事神致福。祭祀对象分为三类：天神、地祇、人神。天神称祀,地祇称祭,宗庙称享。古代中国"神不歆非类,民不祀非族",祭祀有严格等级。天神地祇由天子祭,诸侯大夫祭山川,士庶只能祭祀祖先和灶神。

祭祀神灵,是以献出礼品为代价的。人们对神灵的崇拜,可以跪拜叩头,可以焚香燃纸,但对神灵来说最实惠的祭祀方式还是献上祭品。人有七情六欲,神灵也是如此。人们既然对神灵有所祈求,理应舍得拿出自己最好的东西祭献,以博得神灵的欢心。但人的喜好不一,不同的神灵也各有自己的口味,所以祭品多种多样,主要有食物、玉帛等等。

礼制的物化平台与内容是礼制建筑与礼器，而礼制建筑尤以"宗庙"最为重要，宗庙又简称"庙"。目前考古发现与研究提出并认定"宗庙"或者说"庙"的是考古工作者1983年在辽宁省凌源县和建平县发掘的牛河梁主梁北山顶，发掘者认为这是"女神庙遗址"，庙址北为"平台"，由多室相连建筑构成，平面为"亞"字形。该遗址之中出土的裸体孕妇雕像与真人大小相近，有的比真人大2至3倍。神庙遗址附近还发现有泥塑人耳、鼻、乳房、手臂及陶器、石器、兽骨、红山文化陶片等遗物。不过上述认定还需要进一步论证。"庙"的"参照"对比物是什么？早期"庙"的建筑形制是什么？"庙"在"城址"或"聚落"中的空间位置如何，是"祭祖"还是"祭神"？这些问题均需要进一步究明，这样才更有说服力。

人类社会形态从"野蛮"跨入"文明"、从"史前"进入"国家"，随着早期国家的发展，作为国家"地缘政治"与"血缘政治"物化载体的"宫殿"与"宗庙"出现了。考古发现的早期王国的都城遗址中，其中涉及宗庙与宫殿关系者，主要有夏代都城的河南偃师二里头遗址与商代早期的偃师商城遗址等，其中均考古发现了宗庙与宫殿建筑遗址。

河南偃师二里头遗址是夏王朝中晚期的都城遗址，宫城之内的宫庙建筑遗址进行了勘探和发掘，已发掘的二里

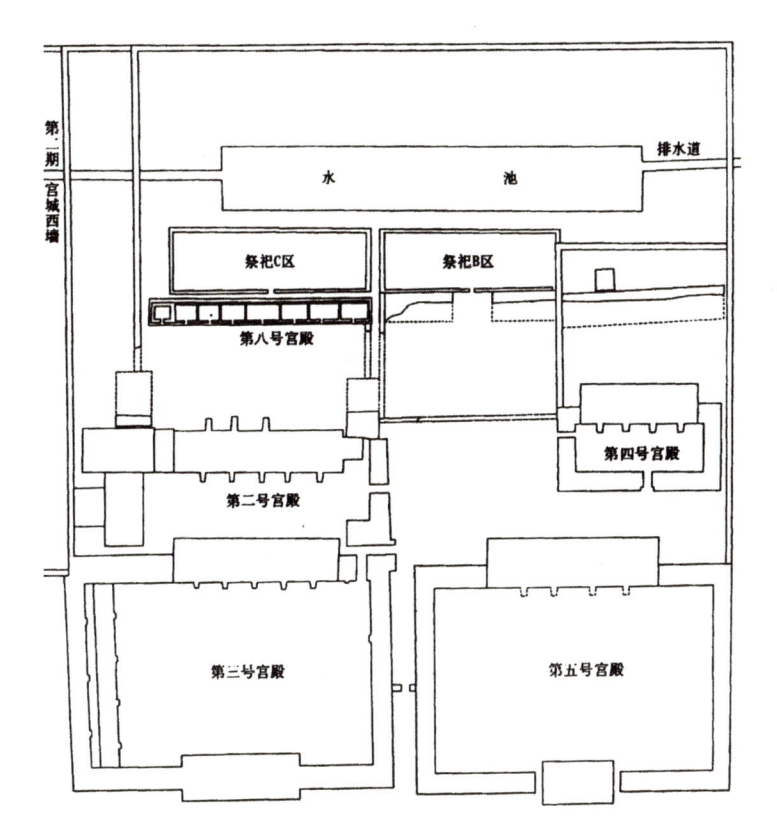

偃师商城宫城遗址平面图

头文化三期的第一号和第二号建筑遗址最为重要，它们分别位于宫城西部和东部。学者一般认为二里头遗址的一、二号建筑基址分别为宫殿与宗庙建筑遗址。

偃师商城的宫城位于偃师商城小城（早期偃师商城）中央，已究明宫城东西两组建筑群的平面布局形制不同，其中西组为宫殿建筑，东组应为宗庙建筑。[1] 宫城北部的大规模祭祀遗迹可能即宫城宗庙祭祀的遗存。

20世纪70年代在陕西岐山与扶风的"周原"故地，考古发现凤雏遗址，其中亦有一平面"凸"字形建筑遗址，学界一般认为是"宗庙"建筑遗址。

此外，在东周时期都城遗址中，位于陕西省宝鸡市凤翔区的春秋时代秦国都城雍城遗址，考古工作者在雍城遗址中南部的宫殿区或宫城之内，考古调查、勘探、发掘了马家庄第一号与第三号建筑遗址，发掘者认为东部的马家庄一号建筑遗址应为雍城宗庙建筑遗址，西部的第三号建筑遗址为宫殿建筑遗址。

上述雍城之中的宫殿与宗庙，形成"左庙"与"右宫"并列的格局。至于各种各样的"神"在宫城之中没有它们的"一席之地"，这就是中华古代文明与西方古代文明的最大不同。这种"宫庙"结合格局也为中华五千多年不断裂文明的"家国"体系奠定了深刻的思想基础。

战国时代和秦代的秦国都城咸阳城，王室和皇室宫殿群在咸阳城的宫城之中，已经考古发掘了多座宫殿建筑遗址[2]。然而王室、皇室的宗庙，根据历史文献记载，其"或

---

1 参见杜金鹏、王学荣：《偃师商城近年考古工作要览——纪念偃师商城发现20周年》，《考古》2004年第12期。
2 参见陕西省考古研究所：《秦都咸阳考古报告》，科学出版社2004年版。

在雍或在'渭南'",也就是说被分别安排在秦雍城或秦咸阳城隔渭河相对的"渭南"地区,均在秦咸阳城之外。[1]故《史记》卷六《秦始皇本纪》载:"诸庙及章台、上林皆在渭南。"

目前考古发现比较"完整"的"宗庙"建筑遗址,应该是汉景帝阳陵的"德阳庙遗址",以及西汉末年王莽修建的"宗庙"(王莽九庙)。

西汉时代都城的宗庙与宫殿分布格局,在秦咸阳城基础之上发生了巨大变化,宗庙与宫殿在宫城之中"平起平坐"的时代已经随着"王国时代"结束、"帝国时代"全面形成而发生变化,代表"国家"的"宫殿"跃居"国家政治"的首位,作为"家"的代表之"宗庙"屈居第二位。中华民族由此从"家国"进入"国家"时代,"家"与"国"两个"字"空间位置的颠倒,是中华五千多年不断裂文明在其"中间"的重大历史巨变,这一历史巨变保证了此后两千多年中华文明的不断裂持续发展,强化了"国家认同""国家凝聚"的至高无上,使国家"大一统"思想成为中华民族的"核心政治观""核心价值观"。此后中国历史虽然历经多个"王朝"、多个民族管理,但是上述"政治观""价值观"的"核心"理念不但没有改变,

---

[1]《史记》卷六《秦始皇本纪》载:"先王庙或在西雍,或在咸阳。"

而且越来越强化!

秦汉时代宗庙与社稷是密切相关的两组礼制建筑,它们一般是东西对称分布在大朝正殿附近的东南部与西南部。关于东汉都城的社稷,《后汉书·祭祀志(下)》李贤注引《古今注》云:"建武二十一年二月乙酉,徙立社稷上东门内。"由此推断,东汉都城的宗庙亦当位于郭城之内。

文献记载西晋初期的宗庙,建于铜驼街中部东侧的曹魏宗庙旧址之上,它们位于宫城之外、郭城之内。晋武帝太康十年(289年)又建新的宗庙于宣阳门内。东晋、南朝建康城的宗庙在宫城之外,都城宣阳门与朱雀门之内。北魏平城建都之初,在平城西部修建皇宫——"西宫",在西宫南部筑宗庙和社稷。北魏平城的太庙、太社置于宫城之外、郭城之内,但同时道武帝还在宫城之中立神元、思帝、平文、昭成、献明五帝庙,这可能是鲜卑拓跋部统治者复古之反映。北魏洛阳城的宗庙在宫城阊阖门外、内城之中青阳门与西明门大街北侧,铜驼街东西两侧。[1]宗庙的这种布局一直为以后历代所延续。隋大兴城和唐长安城的宗庙在都城宫城之外,皇城的含光门之内。隋唐洛阳城的宗庙在宫城之外、皇城之内的东南角。北宋都城的宗庙

1　参见《水经注》卷十六《谷水》。

在内城之中，宣德门与州桥之间的御街东部。元世祖在元大都皇城东部、齐化门之内建宗庙。明清都城之宗庙位于皇城之内、宫城前东侧。

宗庙在都城之中空间位置的变化，"左庙"与"右宫"在宫城格局中的变化，导致"大朝正殿"的"居中""居前""居高"，与此同时在宫城之外、都城之中出现了"左祖右社"。

"社"是中国古代的"土地神"，古代中国以农立国，古人认为农业与土地息息相关，因此对"社"的崇拜十分普遍。上自京师，下至乡里，到处都有。古代社会等级观念严格，"社"也分成三六九等，如王有"王社"，侯有"侯社"，县有"县社"（或"公社"），一般乡村则有"里社"。由于"社"的等级不同，其规模也不一样。

西汉王朝在京师长安南郊营建的"社"位于宗庙建筑群之西，即今西安市未央区六村堡街道曹家堡，现已在西安冶金机械厂厂区之中。它与汉宗庙建筑群遗址对称分布于由汉长安城西安门南出的南北路两边。

《汉书·高帝纪（上）》记载：汉王二年（前205年），刘邦进入关中，"令民除秦社稷，立汉社稷"。汉长安城的社稷可能就是西汉初年在秦代社稷基础之上改建修筑而成，西汉中期又进行了扩建，这就是文献记载的"官社"。西汉末年王莽当政时，可能这座建筑被废弃，然后又在其南边修筑了新的社稷，这应是元始五年（5年）由王莽主持为汉皇室建造的"官稷"遗址。

《后汉书·光武帝纪》注引《续汉志》记载，东汉王朝"立社稷于洛阳，在宗庙之右，皆方坛……无屋，有墙门而已"。这与已发现汉平帝元始五年所建汉长安城社稷形制相同。社稷之中种植"谷树"（即楮树）作为对社稷神的祭祀。

中国古代社稷遗址保存下来的很少，这有两方面的原因。第一，社稷祭祀对象往往以"树"为之，树不宜长久留存是显而易见的。第二，中国古代以农立国、以农为本，而社稷成为农之代表、国之象征，立国先立社稷，使社稷与宗庙并列为"国之所重"。国亡则社稷废，社稷成为改朝换代时主要破坏对象，因此能够保存下来的都城社稷遗址实属罕见。汉长安城社稷遗址是中国古代都城遗址唯一经考古发现的社稷遗址。

关于社稷活动，文献虽多有记载，但其形制多不清楚。汉长安城社稷遗址的考古发现，为我们提供了了解中国早期社稷的珍贵资料。从已发现的考古资料来看，东汉洛阳的皇室社稷与西汉长安的情况基本相同。而汉代社稷主要是继承了先秦社稷形制，同样它们也影响着以后历代都城社稷的建设。

明堂、辟雍、灵台、太学（国子学、国子监）是古代中国都城之重要礼制建筑，其中以汉长安城与汉魏洛阳城考古发现较多，至于地面保存的古代都城礼制建筑，则以明清北京城最多。

汉长安城明堂（辟雍）是目前中国考古学发现时代最早的明堂（辟雍）遗址。在此之后，又发掘了汉魏洛阳城明堂、辟雍遗址和唐洛阳城明堂遗址，还有北魏平城明堂、辟雍、灵台遗址。综观上述四处明堂遗址我们可以发现，汉长安城明堂（辟雍）建筑对后代有着重要而深远的影响。

汉魏洛阳城的明堂、辟雍分别营筑，二者均在城南。位于平城门（东汉洛阳城）、宣阳门（北魏洛阳城）东南。

北魏平城明堂、辟雍和灵台三者一体，这组建筑群遗址位于平城城南近郊。建筑群外夯筑围墙，平面圆形，其内有圜水沟，直径289～294米，沟宽18～23米。圜水沟之内又有5座夯土建筑基址。中心建筑规模最大，夯土基址平面呈方形，边长42米。《水经注·灅水》记载：平城"明堂上圆下方，四周十二堂九室，而不为重隅也。……加灵台于其上，下则引水为辟雍"。

武则天在唐代东都洛阳城宫城之内的中轴线上，毁乾元殿，于其地建造了明堂。明堂遗址东西宽约87.5米，南北残宽约72米。经发掘了解到明堂主体建筑的夯土基址平面呈八边形，东西残长 54.7 米，南北残宽 45.7 米，基址中心有一巨型柱坑，坑底由四块青石构成巨型石础。直径 4.17 米。基址中心有口径 9.8 米、底径 6.16 米、深 4.06 米的巨型柱坑，中心柱坑内有被烧毁的炭灰。台基夯土自中心圆坑至殿基边沿分为五圈，各圈夯土的宽度、深度和质量都不相同。

从已发掘的考古资料来看，西汉以后的历代明堂形制一般为"上圆下方"，这是根据"上圆象天，下方法地"的理念设计的。除武则天刻意复古、别出心裁之外，汉魏洛阳城和北魏平城的明堂、辟雍均遵古制，都安排建于都城之南，即"在国之阳"。而北魏平城和唐洛阳城明堂，像汉长安城的明堂一样，将辟雍纳于其中。

关于灵台，历史记载西周都城丰镐附近有灵台，汉长安城的灵台在其南郊礼制建筑群的西部。洛阳的东汉灵台是古代都城之中唯一被考古发现并进行全面考古发掘的，而且洛阳东汉灵台就是天文学家张衡工作过的地方。

文献记载太学周代都城之中已经设置，都城之中有明确位置记载的太学始于汉长安城，但是经过考古发掘的太学遗址，以东汉、魏晋太学遗址最早。

汉长安城的太学与明堂（辟雍）相邻，《长安志》卷五引《关中记》载："汉太学、明堂皆在长安城南安门之东、杜门之西。"《两京新记》更具体记载太学在辟雍西边。有的学者认为先秦时代辟雍就是教育场所,汉代礼制建筑有了进一步分工,太学作为国家最高学府、专门的教育机构而存在,但仍被视为礼制建筑,故置于长安城南郊。根据《汉书》记载,武帝"兴太学",太学规模逐渐扩大,学生增多,由武帝时的几十人,至成帝时已增至3000人,到西汉末年,太学学生多达10800人,学生宿舍有"万区"之多。汉长安城太学遗址尚未究明。

"天地"在中国历史文化中,有着特殊的意义。中国古代先民把"天地"视同"父母",这应该是古人最朴素的唯物主义思想。对"天地"的祭祀成为上至"国王""皇帝"下至庶民百姓的重要精神信仰。尤其是历代

雍城"血池"祭天遗址平面示意图

王朝的统治者以国家的名义,在都城构建的祭祀"天地"的"平台",成为古代中国"天地观"的物化载体——天坛(圜丘、南郊坛)与地坛(北郊坛)。

天坛是皇帝祭天的礼制建筑,近年考古发现都城附近(或京畿地区)"祭天"遗存最早的是陕西凤翔"血池"秦汉祭天遗址。

唐长安城"圜丘"是在隋大兴城"圜丘"旧址基础之上修建的。

东都隋唐洛阳城的"圜丘"在都城之南的洛阳城外郭城正门定鼎门外。

作为世界文化遗产的北京天坛是目前保存最好的中国古代天坛,它修建于明代永乐十八年(1420年),那时的天坛与地坛还是在一起的。嘉靖九年(1530年),则分别修建了天坛与地坛。满族人建立了清王朝,继承明代的做法,在天坛的露天圆台之上举行祭天活动。祭天对于中华文明而言,是件十分重大的事情,在中华五千多年不断裂文明中,"天地"在中国先民中从政治、文化到经济生活都是十分重要的。

明清北京城的天坛有着久远历史,元代初年,忽必烈就在元大都外郭城之南的丽正门(外郭城正门)东南七里设坛台祭祀"天地",成宗大德九年(1305年),又在元大都南郊(今永定门外)营建"圜丘",因为"圜丘"

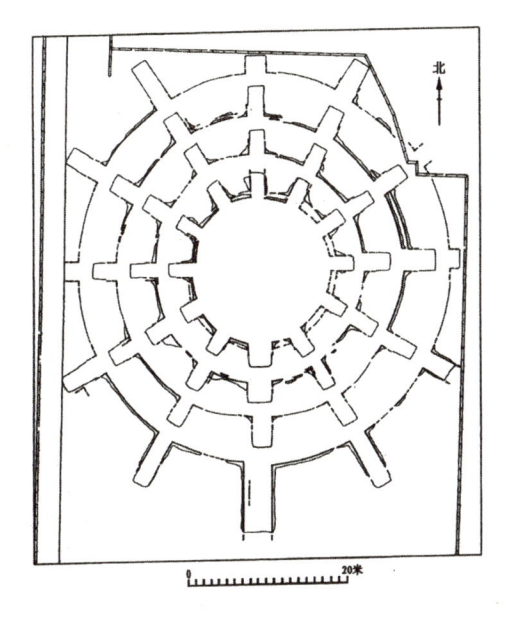

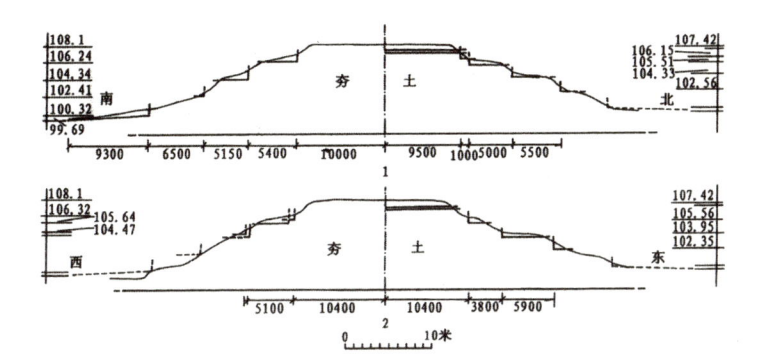

唐长安城圜丘遗址平、剖面图

位于都城之南，所以又称"南郊坛"，"圜丘""南郊坛"是"天坛"的古老名字。元大都之前的金中都在都城外郭城南城门丰宜门（外郭城正门）之外营建了"南郊坛"，这是直接继承了宋代都城东京城（开封城）的做法。东京城外郭城正门（南城门）南熏门之外有"南郊坛"（即"天坛""圜丘"），与"南郊坛"相对的东京城北还有"北郊坛"，位于东京城外郭城之北。

　　元代初年的北京城和明代的南京城、北京城设"天地坛"对"天"与"地"共同祭祀，这种"礼制"的源头可以追溯至武则天在唐洛阳城开创的南郊"合祀天地"。至于"南郊祭天""北郊祭地"，则有着久远历史，从现在

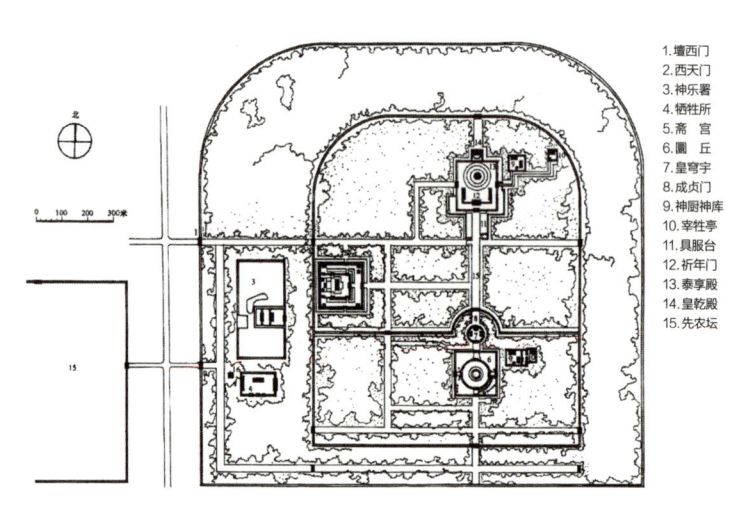

1. 坛西门
2. 西天门
3. 神乐署
4. 牺牲所
5. 斋　宫
6. 圜　丘
7. 皇穹宇
8. 成贞门
9. 神厨神库
10. 宰牲亭
11. 具服台
12. 祈年门
13. 泰享殿
14. 皇乾殿
15. 先农坛

北京天坛总平面图

北京天坛鸟瞰图

考古发现来看，至少可以上溯至西汉时代。

地坛是相对天坛而存在的，地坛又名"方泽坛"。明清北京城的地坛是现在保留下来中国古代最完整、时代最晚的"地坛"，它始建于明嘉靖九年，明清两代的15位皇帝在此祭地，长达381年。地坛的主体建筑是方泽坛，平面方形，周围水渠环绕，形成"泽中方丘"，昭示着"天圆地方"的理念。地坛外围有两重正方形坛墙环绕，内坛墙四面中间各辟一门，北门为方泽坛正门，正门"一门三道"。

元大都的祭天与祭地，均在今北京永定门外的都城南

明清北京城地坛遗址公园

　　郊"圜丘"进行共同祭祀。金中都的祭地则在都城北城门——通玄门之外北郊"方丘"进行。宋代东京城之外南北分别设置南郊坛与北郊坛，北郊坛在北城门——封丘门之外。唐长安城的地坛称"方丘"，在北城门之外。南北朝时期，一般"圜丘""方丘"分别安排在都城南北，如北朝的北周长安城、北齐邺城、北魏洛阳城、东晋和南朝都城建康城的南北分别进行南郊坛与北郊坛祭祀天地。东汉洛阳城有着完备的南郊坛祭天、北郊坛祭地制度，实际上是承袭了西汉晚期汉成帝在汉长安城外南北分别设置的"南郊"与"北郊"祭坛。

礼器是古代礼制活动中使用的器物，主要用于"祭礼"（祭祀）活动，所用玉器有璧、琮、圭、璋、璜、琥，称为"六器"。《周礼·春官·大宗伯》记载："以玉作六器，以礼天地四方。以苍璧礼天，以黄琮礼地，以青圭礼东方，以赤璋礼南方，以白琥礼西方，以玄璜礼北方，皆有牲币，各放其器之色。"这是古人依据"五行""五色"与"五方"相互对应，主张天圆地方，"以苍璧礼天"，因为天是圆的，又是苍色（青色）的；"以黄琮礼地"，因为地是黄而方的。古人以玉的颜色和形制来配合阴阳五行之说，从而产生了祭祀天地四方的礼器。仪仗器主要是在重要场合中执以示权，或旁侍以增威仪的器具，用以保持统治者的尊严。仪仗玉包括玉斧、玉戚、玉钺、玉戈、玉刀等，都是象征性的武器。

丧葬之礼在中国起源很早，早在旧石器时代山顶洞文化中，就发现有许多散布在尸骸附近的石珠、兽牙等，这说明当时已有随葬的器物及风俗。到了汉代，厚葬之风日盛，葬玉更是极为普遍。人们相信玉有保存尸体的功用，认为尸体入葬时，会遇到水银浸泡，而水银遇玉就会凝固，所以以玉敛尸就会使尸体不腐烂，从而产生再生的可能。真正的纯随葬玉不是泛指所有的埋葬在墓中的玉器，而是指那些专门为保存尸体而制作的玉器，主要包括玉握、玉塞、玉衣、玉琀等。

第三章

从『一万年的文化史』到『五千多年的文明史』的发展史

关于从"一万年的文化史"到"五千多年的文明史"的发展史，实际上需要解决的是中华文明从哪里来、到哪里去的问题，这涉及中华文明起源与形成的"时间"与"空间"两个方面的问题。自20世纪初考古学传入中国，近百年来中国考古发现引起世界重视，尤其是20世纪50年代以来新中国一系列的重大考古发现，中华历史有着一万年以来的新石器时代考古学遗存，它们与"中华五千多年的文明史"密切相连，极大地丰富了人们对包括中华大地"百万年的人类史"至"一万年的文化史"，进而从"一万年的文化史"阶段如何走进"中华文明"，中华文明又如何走过五千多年的历史长河，开创了世界历史上唯一"五千多年不断裂的文明史"的认识！

中华五千多年不断裂的文明史是从"一万年的文化史"发展而来的，但是必须说明，"一万年的文化史"还不是"中华文明史"，"中华文明史"是中国国家历史，"一万年的文化史"是中国大地之上的史前史。

1899年，古文字学家王懿荣，从中药材"龙骨"上发现了甲骨文。其后，刘鹗、王襄、孟定生、罗振玉等也收集了不少甲骨文资料，他们又据此编辑了一些甲骨著录图书。1917年王国维依据当时可以见到的甲骨资料，撰写著名论文《殷卜辞中所见先公先王考》及《续考》，证明"有商一代先公先王之名，不见于卜辞者殆鲜"，并认为"卜辞与《世本》《史记》间毫无抵牾之处"。20世纪30年代以来，殷墟数以十几万计的甲骨出土地附近考古发现的官庙建筑遗址、安阳西北岗商王陵与其他高等级墓葬出土的青铜器、玉器等，再现了3300年前中国历史上的高度文明。这些考古发现、研究成果，进一步佐证司马迁《史记·殷本纪》应该是可信的。从而可以推断，《夏本纪》的撰写是有所依据的，其历史记载是基本可信的。20世纪50年代以来，考古发现的登封王城岗城址、新密新砦城址、偃师二里头遗址与郑州商城遗址、偃师商城遗址、安阳洹北商城遗址等，"夏商周断代工程"通过多学科与跨学科结合研究，认为它们分别为夏代早、中、晚期与商代早、中期都邑城址。

20世纪末以来，考古发现的距今4300年的山西襄汾陶寺城址，一般认为属于历史文献记载的"尧都平阳"，该城址发现的文字、青铜齿轮器与铜铃、各种与礼器相关的遗物及"观天授时"遗址等至关重要。21世纪以来，战国时代清华简《保训》篇的研究揭示，虞舜"求中"于"历山"。这里是河南龙山文化（距今4800—4000年）的后冈二期文化流行区，在这一区域，考古工作者曾发现了同时期的大型聚落、城址，其中有的城址可能与《史记·五帝本纪》记载的颛顼、帝喾、唐尧、虞舜的邦国之都邑有关。河南龙山文化上溯即仰韶文化之庙底沟文化或庙底沟时代，韩建业认为这时"中国大部地区文化首次形成以中原为核心的共同体，'早期中国文化圈'或者文化意义上的'早期中国'正式形成"。这也奠定、开启了中华五千多年不断裂文明的历史进程。

近年来在历史文献记载的黄帝"有熊国"故地——郑州地区，发现了一些河南龙山文化城址，如新密古城寨城址，面积 17.6 万余平方米，周围版筑夯土城垣，城外设置护城河，城内发现大型宫殿区之中的夯土建筑基址与"柱网"遗迹。古城寨城址周围还分布有 10 余个龙山文化遗址，古城寨应是一处具有都邑性质的中心聚落。有些学者认为古城寨遗址在时空上基本与"黄帝时代"吻合，或有可能是"有熊国"之都邑。在黄帝"有熊国"的中原地区河南龙山文化遗址中考古发现了一些青铜器遗物与冶铜遗迹，如郑州牛寨遗址发现的熔铜炉壁及青铜块、登封王城岗城址灰坑出土的青铜器残片等。

上述历史文献记载与考古发现，互证了中华五千多年不断裂文明形成的"起点"在黄河流域中游的中原地区。这一认识的前提是中华五千多年文明的"起点"与"不断裂"的缺一不可，它不排除在距今 5000 年左右中国大地有多处"文明"形成，如辽宁的以"牛河梁遗址"为代表的红山文化、浙江良渚文化等，但是这时出现的各地"文明"，能够与以后中华五千多年的文明史一脉相承而生生不息者，应该非中原龙山文化及其"文明"传承者的夏商周莫属。20世纪70年代末以来苏秉琦提出的文明"满天星斗"及"区系类型理论"之下的文明"多元论"，并未涉及那些诸多文明是否属于"五千多年不断裂文明"。其实在苏秉琦的"满天星斗"与文明形成"多元论"提出不久，1986年在美国弗吉尼亚州艾尔莱召开的"中国古代史与社会科学一般法则"国际讨论会上，严文明就以《中国史前文化的统一性和多元性》为题发表演讲，提出著名的中国史前文化的"重瓣花朵"模式的格局，而这一"重瓣花朵"的"花心"就在中原地区。以中原为核心，其外围分列着北方燕辽的红山文化、东方的山东、西北的甘青、江浙的良渚文化与长江中游地区的史前文化，这些为"花心"之外的第一层"花瓣"。再外则为第二层"花瓣"。中原地区考古学文化承袭了黄河中游地区仰韶文化，直接发展为公元前2600年至公元前2000年的中原龙山文化，它又是中国历史上开启王国时代的夏文化的源头，从庙底沟文化到中原龙山文化、夏文化，这也就是中华五千多年不断裂文明的"起点"。这个"起点"的空间位置至关重要，正如严文明所指出的那样，"中国文明的起源不是在一个狭小的地方，也不是在边远地区，而是首先发生在地理位置适中，环境条件也最优越的黄河流域和长江流域的广大地区。各地情况不同，文明化的过程也有所不同。它们相互作用，此消彼长，逐渐从多元一体走向以中原为核心、以黄河流域和长江流域为主体的多元一统格局，再把周围地区也带动起来。这一格局的形成是中国古代文明的重要特点，也是她之所以具有无穷活力和强大凝聚力，以至成为世界上几个古老文明中唯一没有中断而得到连续发展的伟大文明的重要原因"[1]。

一、"文明"形成历史发展中的两条"道路"

（一）断裂的文明：神权之下的"文明"之路

在中国古代文明形成时期，长江流域下游的良渚文化、辽西的红山文化虽然曾经一度表现得"异常繁荣"，但是支撑这一文化理念的"神权"的"玉文化"却"不代

1　严文明：《文明起源研究的回顾与思考》，《文物》1999年第10期。

表"历史发展方向,反而是其"文明"成为历史上"昙花一现"的"匆匆过客"的原因。

针对史前时期遗址、墓葬出土玉器作为"衡量"社会历史发展、进步的"标尺"的现象,2002年我曾指出:"近年来在'古代文明形成'研究中,我们注意到一些学者对有的考古学文化中的祭祀活动遗迹、遗物非常重视,并且将其作为'古代文明形成'的重要标识物。古代各种'祭祀'遗存,可以作为国家统治者统治其百姓的精神工具的反映;也可以是史前时代人们面临当时条件下,无法抗御的自然环境,企求生存平安、发展的精神寄托。前者可视为早期国家的较普遍现象,后者则不然。因为史前时代社会经济的发展与祭祀活动的发达程度并不是都成正比例的,甚至历史学、民族学资料往往得出相反的结论。……各类通神玉器的空前发达,人力、物力、财力的大量浪费,这不能只认为是社会经济进步的反映,而有可能是社会历史发展扭曲的表现。"[1]

近年来李伯谦提出中华五千多年文明形成与发展中"古国"的两种演进模式,即"红山文化古国是以神权为

---

[1] 刘庆柱:《考古学文化与中原地区的古代文明形成》,河南省文物考古研究所编:《华夏文明的形成与发展——河南省文物考古研究所建所五十周年庆祝会暨华夏文明的形成与发展学术研讨会论文集》,大象出版社2003年版,第29页。

主的神权国家，良渚文化古国是神权、军权、王权相结合的以神权为主的神权国家，仰韶文化古国是军权、王权相结合的王权国家"，而"广布于中原地区的仰韶文化及其后继的河南龙山文化、二里头文化、商周文化因遵循突出王权的发展道路，从而保证了社会的持续发展和文明的延续，成为中华大地上绵延不绝的核心文化，而避免了像红山文化和良渚文化那样，因突出神权、崇尚祭祀造成社会财富巨大浪费而过早夭折"。[1]

（二）草原地区的"红山文化"牛河梁遗址

牛河梁遗址位于辽宁省朝阳市凌源市与建平县交界处，由坐落在丘陵山岗上的多处相关联的遗址地点构成，共发现27处红山文化遗址。保护范围58.95平方千米，建设控制地带23.56平方千米。其中重要遗址有：女神庙、祭坛、积石冢、金字塔，该区域面积约8平方千米。

女神庙遗址平面呈窄长形状，南北最长处22米，东西最窄处2米，最宽处9米，方向南偏西20°。庙分主体和单体两个单元。庙的主体部分为南北七室相连，长18.4米。庙为半地穴式土木结构。发掘者认为女神庙遗

---

[1] 李伯谦：《中国古代文明演进的两种模式——红山、良渚、仰韶大墓随葬玉器观察随想》，《文明探源与三代考古论集》，文物出版社2011年版，第50页，"前言"第2页。

址是中国迄今发现最早的史前神殿遗址,庙内出土了被誉为"中华民族共祖"的女神头像,上述说法只备一说。所谓"祭坛"和积石冢遗址,包括所谓"五冢一坛",位于凌源市与建平县交界处。这里需要进一步说明的是:中华大地之上的史前社会的"神殿"是什么样子?定论其为神殿的理由与"参照物"是什么?"中华民族共祖的女神头像"之"中华民族"何时形成?史前时代就有"中华民族"吗?所以,将牛河梁遗址出土的孕妇塑像定为"女神像"还需要进一步深入研究。

(三)海滨地区的良渚文化的"古城"与"古墓"

良渚文化主要分布于长江流域下游的江苏、浙江地区,该文化的中心在太湖以南的杭嘉湖平原一带。良渚古城遗址位于浙江省杭州市余杭区瓶窑镇与良渚街道莫角山一带。

良渚古城范围约50平方千米,以良渚古城为中心,周围分布有135处良渚文化的聚落遗址和墓地。古城遗址平面近方形,东西宽约1500～1700米、南北长约1800～1900米,总面积约290万平方米。莫角山遗址位于古城中部偏北,小莫角山在大莫角山西部,乌龟山在小莫角山南部,3座土台以大莫角山土台规模最大,位置最为重要。莫角山遗址不是城内的一般"居住区",台基之上有大面积建筑基址，而是古城的主要"政治性"活动平台，也就是历史时期的都城"宫庙区"。

在城内西北部、城外西北部和东北部分布有高等级贵族墓地，在这些墓地保存着祭祀墓主人的遗存，现在考古学界一般称之为"祭坛"。有学者持有不同看法，认为迄今为止良渚文化中还未发现类似于中央集权形态的遗存（王陵）存在的迹象。[1]

关于良渚古城遗址的考古工作，目前还存在着不少需要通过田野考古工作予以解决的学术问题，如"四面城墙是否一样厚，它们是否同时修筑，是否有防洪的功能；解剖区域有无人类居住的痕迹；为什么反山贵族墓地在城圈以内，瑶山、汇观山贵族墓地在城圈以外；城圈内除莫角山外有无其他建筑"[2]等。目前学术界就良渚古城墙是城墙还是水坝也有不同看法。至于"莫角山"确定为宫城以及其中的宫殿建筑遗存性质也存在着不同意见。

---

[1] 张弛在《良渚文化大墓试析》中说："良渚中期社会权力及精神均显示出了较为统一的趋势，暗示着某种'统一王权'的出现，并且这种'统一王权'很可能集中于象瑶山和反山这样的墓地主人之手，这一点与良渚遗址群的规模也是相称的，它对于良渚文化其他地区有着某种相当于政治上的控制能力。只是这种'统一王权'的性质与形式尚不甚清楚。可以肯定的是，良渚文化迄今尚未发现有类于中央集权形态的遗存（如王陵）存在的迹象。"北京大学考古系编：《考古学研究》（三），科学出版社1997年版，第64页。
[2] 本刊记者：《"第七届中国社会科学院考古学论坛"纪要》，《考古》2008年第7期。

二、黄河文化：中华民族根与魂的解读

作为中华民族文化的"根"与"魂"的黄河文化，我的理解是：黄河文化的"根"体现在"中"，"魂"则凝聚在"华"。

（一）中华民族之"根"："中"

中华历史文化中的黄河文化之"核心文化"集中体现在黄河流域中游的文化，这主要是因为人类早期历史文化受"环境"制约很强，而就生存地理环境而言，世界各地的大河流域中游，在人类早期历史中，更为先民所重视。我在《黄河文明是中华文明之源》一文中已经就世界古代四大文明（西亚两河流域文明、北非埃及文明、南亚次大陆印度文明、东亚中国文明）形成，指出大河流域中游的地理位置、空间环境对人类早期文明的形成至关重要。

中国古代文明形成还有着与西亚两河流域文明、北非埃及文明、南亚次大陆印度文明不同的地方，就是对"中"的信仰，即古人所称的"求中""追中"与"择

中"。[1]

其一，中国主要的"河"与"江"为东西流向。黄河在中国古代被认为居于中国大地之上的"河"的"居中"地位，如黄河在中国的地理位置上，其北主要有海河、辽河，其南主要有渭河、泾河、洛河、淮河等。

作为中国的"河"与"江"，一般来说"江"在"河"的南北两侧。淮河之南与西南一般均为"江"，如长江及其以南的闽江、赣江、湘江、珠江、西江、东江，以及岷江、沱江、雅砻江、澜沧江、怒江、雅鲁藏布江等。中国北方的辽河以北有松花江、黑龙江、乌苏里江、图们江等。不难看出，在中国大地之上，古人在"河"与"江"的名称选择上，突出了"河"的"居中"之"地位"。

其二，黄河文化的核心是黄河中游文化，都城是国家的政治统治中心、经济管理中心、军事指挥中心、文化礼仪活动中心，因此说都城是国家"政治与文化之标征"，中国古代"择中建都"，中华五千多年文明中的4200年的都邑、都城均位于黄河中游的大中原地区，因此黄河中游文化成为中国古代历史上的"国家文化"所在地文化。

---

[1] 参见李学勤主编：《清华大学藏战国竹简》（壹）下册，中西书局2010年版，第143、145页。

3000年前的西周何尊之铭文"宅兹中或（国）"，佐证了黄河中游的"嵩山"之"天下之中"地位，形成了"天下之中"与黄河之"中"的"重合"。

其三，黄河中游在中国之"中"：在古代中国地理分布上，整个国家分为"九州"，其中"豫州"在"九州"中央，因此"豫州"又有"中州"之称。豫州即今河南，也就是"中原"，作为"文化区"的"中原历史文化区"一般是指"大中原"，即西至关中东部、东至鲁西南，北至晋南、南至淮河流域，基本属于黄河中游，东部进入黄河流域中下游部分区域。黄河中游地区的旧石器时代早期"蓝田人"在"大中原"的关中东部，旧石器时代出现的"现代人"在"大中原"地区的"龙脉"——秦岭的汉中、商洛、安康及秦岭境内的洛阳、"大嵩山"一带多有发现。

其四，历史上的黄河称谓及其"独尊"地位与"中"之体现。

殷人甲骨文称黄河为"高祖河"或"河宗"，并为周承。从"河"称"高祖"，我们再检视汉代及其以后历代王朝"开国皇帝"的称谓：汉高祖刘邦，唐高祖李渊，五代梁太祖朱温、晋高祖石敬瑭、周太祖郭威，宋太祖赵匡胤，辽太祖耶律阿保机，金太祖完颜旻，元世祖忽必烈，明太祖朱元璋，清世祖福临等，由此可以看出汉高祖刘邦至晋高祖石敬瑭等，他们均为各"王朝"的"开国皇帝"，因此称为"高祖"。五代梁太祖朱温至明太祖朱元璋各代"开国皇帝"多称"太祖"，元代与清代"开国皇帝"则称"世祖"。由此或可推测，上古时代称黄河为"高祖河"，实际上是以其为"河"之"高祖"，此犹自汉代始"历朝"之"开国皇帝"称"高祖""太祖""世祖"。

《史记》《汉书》记载一般称黄河为"河"。[1] 黄河之名正式出现于西汉时代，《汉书·高惠高后文功臣表》记载："封爵之誓曰：'使黄河如带，泰山若厉，国以永存，爰及苗裔。'"同样内容，《史记·高祖功臣侯者年表》则记载："使河如带，泰山若厉，国以永宁，爰及苗裔。"这里的"河"，就是"黄河"。上述文献说明，黄河在西汉初期已有"黄河"与"河"两种称谓，"黄河"一词的出现不能简单地认为是班固在《汉书》中于"河"之前加进"黄"字而变成"黄河"，因为《汉书·地理志》中也有关于"黄河"的文字记载，常山郡元氏县"沮水首受中丘西山穷泉谷，东至堂阳入黄河"。东汉以后的文献多称"黄河"，如《三国志·魏书·袁绍传》裴注引《献帝传》

---

[1] 《史记》卷二十七《天官书》记载："及秦并吞三晋、燕、代，自河山以南者中国。"《史记正义》："河，黄河也。山，华山也。"

说：“悠悠黄河。”《水经注·河水》载："自黄河泛舟而渡者，皆为津也。"

我认为"黄河"之名称在秦汉之际出现，还与"黄河"之"黄"的称谓有关，这个称谓又与"五色""五行""五方"密切相关，体现出其"独尊"与"中"之地位。

有的学者认为"黄河"之"黄"因黄河中游沿岸水土流失而致其河水变为浑浊的"黄色水"，关于这一论点还需要提出有科学依据的相关数据，目前我们还不知道黄河中游地区的水土流失始于何时。基于黄河中游地区水土流失研究现状，我认为"黄河"之"黄"应该从出现"黄河"的历史时代——战国秦汉时代来考虑。

战国秦汉时代流行的"五方""五行"与"五色"，三者出现的时代可能有所不同。"五行"是在"求中""居中"基础之上发展而来的。"求中"以"天中"为空间"基点"。"求中""追中"在距今6400年的濮阳西水坡新石器时代晚期墓葬中已出现，战国时代清华简《保训》篇记载了"五帝时代"的虞舜"求中"于"历山"，又记载距今4000年前上甲微为夏禹定都"求中"于"河"（伊河、洛河，即"大嵩山"）。从居中发展到"东西南北中"之"五方"观念出现，考古发现材料以殷墟商王陵"亞"字形墓室时代最早，由此可以推断，墓室中央为"中"，与墓室相对的东西南北四面各一墓道象征"东西南北"四方，墓室之"中"与东西南北四条墓道组成"东西南北中""五方"，因此说至迟商代晚期已经出现了"地上"的"五方"理念。西周历史文献《诗经·商颂·殷武》载："商邑翼翼，四方之极。"郑玄《笺》说："极，中也。商邑之礼俗翼翼然可则效，乃四方之正中也。"

古代帝王"居中"之后，发展出"五方"之"概念"，"地中"首先与"天中"相对，然后帝王作为管理国家的最高统治者，其管理、统治对象是"地"，他们的管理、统治"空间范围"应该是"天下"的"东西南北中"之"五方"。"五方"发展而出现了属于"地"的"金木水火土"之"五行"。[1]《史记·天官书》载："天有五星，地有五行。"显然作为"地"之"五行"的核心是"土"，因此"土"居"五行"之"中"。

"青白赤黑黄"之"五色"对应的是"五行"之"木金火水土"与"五方"的"东西南北中"，可以推断"五色"是基于"五行"与"五方"而出现的。冯时认为，"古人对于五色的认识源出于五方显然没有问题"[2]。在战国秦汉时代开始流行的"五方""五行"与"五色"理念，

---

1 《国语·周语下》韦昭注："地有五行，金、木、水、火、土也。"
2 冯时：《自然之色与哲学之色——中国传统方色理论起源研究》，《考古学报》2016年第4期。

把与"五方"之"中"、"五行"之"土"及与之对应的"五色"之"黄"推至极致,"黄河"之称应该就是产生于这个伟大的历史时代。"黄河"的称谓从商代以来的"高祖河""宗河""大河""上河""河",发展为"黄河",恰恰说明了其历史发展之必然。

与"黄河"之称谓密切相关的"黄帝",见于《史记》所载东周时期。"黄河"与"黄帝"之"黄"均为"五色"之"黄"。东周至秦汉之际兴起的"五方""五行"与"五色",其三者之间的关系,应该是"五方"决定"五行"与"五色"。"五行"之"中"是华夏文化的"核心基因","人"在天之下、地之上,"人"之"帝"在"天"中之下、"地"中之上,"地"为"土","土"为"五行"之"中"。"黄帝"都城"有熊国"在"黄河中游"的"天地之中"之大嵩山地区,故二者均姓"黄"。"人文始祖"黄帝在黄河中游始创了"黄河文化"。

从黄河到"河山"或"山河"——黄河流域自西向东有三座著名的山:华山、嵩山与泰山,它们与山西恒山、湖南衡山,共同构成中国的"五岳",它们均在黄河中下游,其中嵩山与泰山是世界文化遗产。保存在中国古代语言学、文字学、文化学上的"河"与"山"对应,形成"河山"或"山河",它们又成为"国家"的同义语,如古代"河山""山河"成为国家的象征,"大好河山"被誉为"国家"与"天下"的象征，如"大好河山"之"河山"指国家，"国破山河在"之"山河"指国家的国土。因此可以说"黄河文化"实际上是中国古代历史上的"国家文化"，它不是"区域文化"与"时代文化"。这就是"黄河文化"的"根文化"，"根文化"的核心理念是"中"及其渐次发展形成的"中和"理念。因此中华五千多年不断裂文明始于此、长于此，中华大地"和"于此。

（二）中华民族之"魂"："华"

黄河文化作为中华民族历史文化的"魂"——"华"，集中体现在黄河流域中游仰韶文化庙底沟类型人群的"精神信仰"上，这一族群的活动空间中心地区在黄河中游的核心地区——豫西、晋南与关中东部，其分布范围北至长城地带、南至江淮地区、东至鲁西南与苏北、西至甘肃地区，其彩陶的"花卉纹"（"华"亦为北朝以后的"花"）成为"华人"的精神图腾，黄河流域中游地区庙底沟类型人群"华"之"魂"的形成并传承给河南龙山文化后继族群，使这一区域（"中"）的人们崇拜祖先、崇尚"王权"、淡化"神灵"，祭祀则主要体现在追念逝者亲人与强化社会凝聚力规制。他们不像有些史前文化那样，"因突出神权、崇尚祭祀造成社会财富巨大浪费而过早夭折"。

黄河文化是中华民族历史文化的"根"与"魂"，科学解读了中华文明形成之"源"。

黄河流域中游的史前与夏商周及秦汉唐宋时代考古发现说明了中华民族历史文化的"根"与"魂"就在"大中原"地区,保护好黄河流域的生态环境是保护中华民族"根"和"魂"历史文化的重中之重,是传承中华五千多年不断裂文明的"国之大者"与国家大事、中华民族永续发展的大事!

三、黄河流域中游地区的早期"文明"

(一)河洛古国

中华五千多年不断裂的文明史的起点到底在哪里?中国百年考古发现与诸多中华文献记载都将它指向河洛地区。在伊洛汇流入黄河处的河南郑州巩义河洛镇,有一个名为"双槐树"的村庄,近年在此地附近考古发现了距今5300年前后古国时代的一处都邑遗址,因其位于河洛中心区域,又称为"河洛古国"。

遗址区发现有不同时期的三重大型环壕,多处院落建立在大型版筑夯土地基之上,发掘者认为该建筑是目前发现的中国最早的"宫殿"。这里有 4 处共 1700 余座经过严格规划的大型公共墓地，墓葬区内的有夯土祭坛遗迹。

（二）西山城址

西山城址位于郑州北郊古荥镇北 25 千米的枯河北岸，城址平面近方形，边长 400 米，面积 16 万平方米。年代距今 5300—4800 年。这是迄今国内发现的年代最早的城址。

（三）陶寺城址

陶寺城址位于山西襄汾东北 7.5 千米的塔儿山西麓，20 世纪 90 年代末考古发现，已发现城址不同时期的两座城址：大城与小城。

陶寺文化小城域址在大城域址之内的东北部，该城址始建于陶寺文化早期偏早阶段，时代约为公元前 2300 年至公元前 2100 年。城址平面为圆角长方形，南北长约 1000 米、东西宽约 560 米，周长约 3600 米，面积约 56 万平方米。[1]

大城城址地处陶寺城址的中心区域。城址平面为圆角

---

[1] 参见中国社会科学院考古研究所山西队、山西省考古研究所、临汾市文物局：《山西襄汾陶寺城址 2002 年发掘报告》，《考古学报》2005 年第 3 期。

长方形，南北最大距离2150米，最小距离1725米；东西最大距离1650米，面积约280万平方米。该城址始建于陶寺文化中期（约前2100—前2000年），陶寺文化晚期被废弃。此城址是目前所知黄河流域史前城址中规模最大的。

在城址内外发现有铜铃、铜齿轮形器、陶器的朱书文字、陶鼓、鼍鼓、龙纹陶盘、彩绘陶簋、玉璧、玉琮、玉璜、玉钺、玉璇玑、石磬等礼乐重器。[1]

陶寺城址功能分区明显，各区之间以"空白地带"分隔。陶寺城址早中期宫庙区分布在早期城址之内的中南部和中期城址的东北部，西以沟为界，沟外为贵族居住区；北以空白隔离带与早中期普通居住区分开；南以早期城墙为界。

陶寺城址宫庙区面积约6.7万平方米。宫庙区的中南部是主要宫庙建筑遗址，考古钻探发现的一座大型建筑遗址（IFJT3）平面呈方形，边长约100米，面积约1万平方米，其中心殿堂基址面积约300平方米（其柱网范围面积286.7平方米）。宫庙区建筑遗址出土的建材遗物板瓦、刻花白灰墙皮、涂成蓝色的墙裙墙皮等，反映了建筑物的

---

[1] 参见梁星彭、严志斌：《山西襄汾陶寺文化城址》，国家文物局主编：《2001中国重要考古发现》，文物出版社2002年版。

规格之高。在宫庙区周边发现了"空白"地带，似应为宫庙区的隔离带。

在早期陶寺城址之外东南部、中期陶寺城址之内的东部发现窖穴区，其范围长约100米、宽约10米，面积近1000平方米。窖穴密集，有大小两种，其中大者边长10余米、深4~5米，容积约400立方米；小者边长约5米、深亦为4~5米，容积约100立方米。窖穴区周边设置了约20米宽的空白隔离带。何驽指出："以竖穴圆角方形大坑或长方形大坑为主，多数窖坑都有螺旋形坡道下至坑底，坑底呈锅底形，部分坑底有几块大石头，估计为支垫木板隔潮之用。""有些窖穴的出入口处地表上还有直径2米的白灰面圆形小房子遗迹，平地起建，但是面积作为普通居室过小，更像是站岗的哨棚，表明窖穴的防卫措施很严密。"陶寺城址的窖穴区"应是后世国家仓城的鼻祖。而其他史前城址中从未见这样独立的由统治者直接控制的大型仓储区"。[1]

手工业作坊区、中期大型普通居址分别位于中期大城的西南角与西北角。[2]

---

[1] 何驽：《都城考古的理论与实践探索——从陶寺城址和二里头遗址都城考古分析看中国早期城市化进程》，中国社会科学院考古研究所夏商周考古研究室编：《三代考古》（三），科学出版社2009年版，第38页。
[2] 参见何驽：《陶寺：中国早期城市化的一个重要里程碑》，《中国文物报》2004年9月3日。

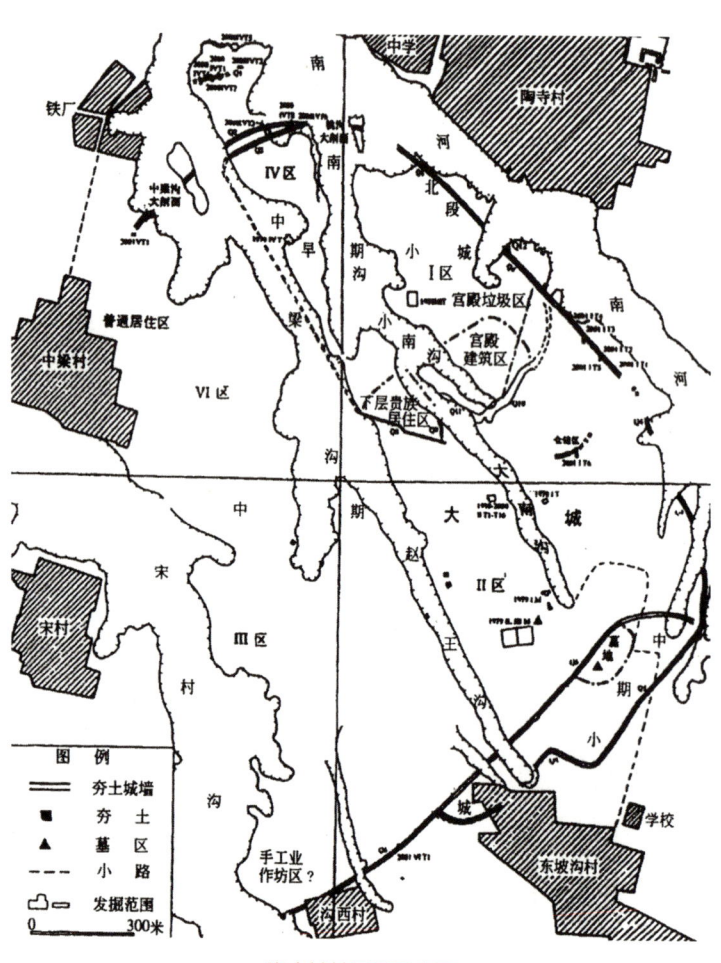

陶寺城址平面示意图

大城外侧东南部有一同时期的小城，它们二者属于"统一设计、统一施工、同时使用、同时被毁"的城址，但是这个"中期小城不是宫城，没有宫殿建筑。其东部是中期王级贵族墓地，中部是以观象祭祀台为主体的建筑群，西部是零星的小型建筑基址，很可能也与祭祀有关"。基于上述原因，发掘者认为"陶寺中期小城是一个特殊的祭祀区，是与鬼神有关的神圣区域，与'卫君'、'卫民'皆无关系，不是作为一个政治中心区而独立存在的，它实际上是附属于中期大城内宫庙区的一个'分院'而已"。[1]祭祀区中的"观天授时"建筑遗址平面形状为大半圆形，面积约1400平方米。发掘者根据考古发现的三道夯土墙推测，此处原应有三层台基，第三层台基上的半环形夯土柱列，可能是用于构建观测缝，而观测缝的主要功能之一是观日出、定节气。该建筑遗址附属的夯土东阶、生土半月台等建筑遗存原来应有礼仪性含意。据此认为ⅡFJT1遗址"有可能是兼观天象授时与祭祀功能为一体的多功能

1　何驽：《都城考古的理论与实践探索——从陶寺城址和二里头遗址都城考古分析看中国早期城市化进程》，中国社会科学院考古研究所夏商周考古研究室编：《三代考古》（三），科学出版社2009年版，第24—25页。

建筑"[1]。

在陶寺城址Ⅰ区灰坑H3403出土的扁壶陶片上,发现了当时的朱书文字——"文"与"尧"字[2],如果上述解释可以成立的话,那么陶寺城址很可能与"尧"有着密切关系。《史记正义》徐广云:尧"号陶唐"。注引《帝王纪》云:"尧都平阳,于《诗》为唐国。"平阳即今晋南临汾一带[3],应该属于其都城[4]。考古发现的陶寺城址与历史文献记载的"尧都平阳",恰好在时空上吻合。[5]从陶寺城址文化内涵来看,其应是目前考古发现的中国古代历史上最早的都邑。

20世纪70年代末80年代初,在陶寺遗址东南部发现了规模庞大的陶寺墓地,其分布范围约为3万平方米,考古发掘了700多座陶寺文化的墓葬。从这些墓葬的形制与出土随葬品来看,可以分为大、中、小三个类型。上述不同类型墓葬反映了陶寺城址的社会地位高低、财富

---

1 中国社会科学院考古研究所山西队、山西省考古研究所、临汾市文物局:《山西襄汾县陶寺城址祭祀区大型建筑基址2003年发掘简报》,《考古》2004年第7期。
2 参见何驽:《陶寺遗址扁壶朱书"文字"新探》,《中国文物报》2003年11月28日。
3 参见《汉书·地理志》河东郡平阳条,应劭注:"尧都也,在平河之阳。"
4 参见俞伟超:《考古所四十年成果展笔谈》,《考古》1991年第1期。
5 参见中国社会科学院考古研究所:《考古中华——中国社会科学院考古研究所成立六十年成果荟萃》,科学出版社2010年版,第93页。

占有的多少，反映了当时社会的等级悬殊、贫富分化。[1] 陶寺墓地的墓主人应该是陶寺城址的"居民"，这些"居民"的社会地位与财富状况不同，从另一层面标示着古代文明的形成与"国家"的出现，陶寺城址就是当时"文明形成""国家出现"的社会政治、经济、文化、军事活动"平台"。

陶寺城址是一座具有政治、经济、文化礼仪等多种功能的城址，其中有独立的宫殿建筑区、祭祀活动区、窖穴区、手工业作坊区，在城址附近有大墓地，墓地之中包括了少数高等级贵族墓与大量一般平民墓。可以认为陶寺城址是中国古代都城遗址中，目前考古发现的时代最早的都邑城址。

陶寺城址具有以下几个特点：一是城墙完备并时代清楚，二是城内分区明显，三是城址与高等级墓地同时并存，四是城址及其墓区出土了不同类型的高等级与高规格的文物，五是城址与历史文献记载有着较为明确的对应关系，以上五点在其他中国古代早期都城遗址中是很少见的。

---

[1] 参见 a. 中国社会科学院考古研究所山西工作队、临汾地区文化局：《1978—1980年山西襄汾陶寺墓地发掘简报》，《考古》1983年第1期。b. 高炜、高天麟、张岱海：《关于陶寺墓地的几个问题》，《考古》1983年第6期。

（四）石峁城址

石峁城址位于陕西省榆林市神木市石峁村，考古发现石峁遗址存在着一座大型城址，城址包括"大城""内城"与"小城"（"皇城台"）构成的"三重城"。大城城门形制似"瓮城"。门外与门道进口处地表之下，各有一座祭奠坑，祭奠坑平面呈长方形，其中放置人头骨约20多个。门道内外两侧各置一"塾"，形成"一门四塾"，这应该是中国古代最早的"一门四塾"。城门之内的墙体之上有壁画遗存，这又是继20世纪70年代中期秦咸阳宫发现的宫殿壁画之后，中国古代城址出土的时代最早的壁画。大城城墙还发现了"马面"、大城角楼遗存等。城墙为石构，多以石片砌成，城墙宽约2～3米。在一些城墙的石片之间，间或发现少量玉器，这应该是与祭祀活动有关的遗物。目前考古调查发现，大城之内各种遗存甚少。

内城在大城之内的一侧，其城门较大城城门形制简单。内城城墙形制结构与都城城墙相同。内城之中发现有大量与城址时代相同的遗物、墓葬等。

"小城"当地人称为"皇城台"，位于"内城"中央。其中有大型夯土建筑遗存。

在石峁城址的大城之外附近地区，发现多处大型土台，有的土台曾经发现与城址同时期墓葬或祭祀遗存。

关于石峁城址时代，根据出土遗物与碳-14年代测定，应为公元前4300年至公元前3900年。城址建筑可以分为两期，即"龙山文化"晚期城址与夏代城址，两期城址上下相连，没有间隔[1]。

（五）河南淮阳平粮台城址

根据史书记载和地理方位分析，平粮台即是传说之中的太昊之墟、神农之都的古宛丘都城。这座古城时代最早、面积最大、保存最好，对研究我国古代城市的出现、国家的起源和探索夏商文化等学术问题，有着重要的价值和意义。

西南城角保存最为完整，外角略呈弧形，内角较直。北城门和南城门已经发掘。北城门缺口宽2.25米，位于北城墙正中稍偏西处。南城门位于南城墙正中，门道宽1.7米，两侧有门卫房的遗存。门道下铺排水管道，结构是在门道下挖出上宽下窄的沟，口宽和深均为0.74米，沟底铺一条套接的陶水管道，其上再并列铺两条陶水管道。

平粮台城址平面形状为正方形，城内长宽各185米，

---

[1] 参见陕西省考古研究院、榆林市文物考古勘探工作队、神木县文体局：《陕西神木县石峁遗址》，《考古》2013年第7期。

面积近10万平方米。

平粮台城址的南、北、西三面各自居中位置有一城门。城内中轴线南北向的干道，两端分别对应南、北城门，宽约6～7米。这条中轴干道使用时间一直与城相始终。

城内经大面积揭露，确认了多排东西向布局的高台式排房，布局规整统一。每排房屋由3～4组多间房组成，所有单间规模均较为一致。

1. 布局完备的城市排水系统

为解决城内排水，高台排房和道路外缘均分布有纵、横向的排水沟。

陶排水管和纵、横连通的沟渠共同构成了目前国内已知年代最早、最为完备的城市排水系统。

2. 年代最早的车辙痕迹

在南城门内早期道路上，还发现了车辙痕迹。车辙宽0.1～0.15米，深0.12米，最明显的一条长达3.3米。其中一组基本平行的车辙间距0.8米，为"双轮车"的车辙印迹。经碳-14年代测定，这些车辙痕迹的绝对年代不晚于距今4200年。这很可能是我国年代最早的"双轮车"车辙痕迹。

平粮台城址方正规整、中轴对称的特点，无疑是中国古代城市规划思想的源头，在城市发展史上具有里程碑式的突出价值。年代最早、最为完备的陶水管排水系统也为研究早期城市的水资源管理提供了绝佳材料。平粮台城址出土的各类遗存，展现了中原龙山文化兼容并蓄的特质，是新石器时代末期各区域文明间交汇融合的集中体现。[1]

---

[1] 参见河南省文物局主编，河南省文物考古研究院、郑州博物馆编著：《追迹文明：新中国河南考古七十年》（上），科学出版社2021年版，第71—72页。

# 第四章 王国时代都城与陵墓之中华文明

一、夏代文明

（一）"禹都阳城"：登封王城岗城址

考古发现的夏代（约前 2070 —前 1600 年）都城遗址，学术界一般认为有河南登封王城岗城址、河南新密新砦城址、河南偃师二里头城址，上述三座城址分别为夏代早期、中期、晚期的都城遗址。

王城岗遗址位于河南省登封市告成镇西部，考古工作者对王城岗遗址进行了调查、钻探，究明王城岗遗址面积约 34.8 万平方米，城址平面近方形，根据残存城墙复原，东、西城墙各长 580 米，南、北城墙各长 600 米，城外有城壕。城内分布有大面积夯土建筑遗址，出土了白陶器、玉石琮等高等级重要遗物。此城址时代约为龙山文化晚期。王城岗小城位于大城东北部，大城的年代晚于小城[1]。有的学者提出，"王城岗龙山文化晚期小城有可能为

---

1 参见北京大学考古文博学院、河南省文物考古研究所：《河南登封市王城岗遗址 2002、2004 年发掘简报》，《考古》2006 年第 9 期。

'鲧作城'，而王城岗龙山文化晚期大城有可能是'禹都阳城'"[1]。

历史文献记载"禹都阳城"，而在王城岗城址附近的东周时期城址考古发现多个陶器之上有"阳城仓记"陶文。

清华简《保训》篇记载，"昔微叚中于河"，此"微"即商汤六世先祖上甲微，此"河"为"河洛"，其中心地区即今"大嵩山"一带。登封王城岗城址的考古发现，佐证了清华简《保训》篇的上述记载。"王国时代"第一个王国——夏王朝开创的这一新的"地中"，为以后王国乃至帝国时代都城选址所继承与延续，在中华五千多年不断裂文明中有着极为重要的政治、思想、文化意义。

（二）新密新砦城址

2003年，新砦遗址考古发现了城址，城址平面呈圆角长方形，东西长约924米、南北宽约470米。城内面积约70万平方米，如果包括"外壕"的话，面积可达

---

[1] a. 方燕明：《登封王城岗城址的年代及相关问题探讨》，《考古》2006年第9期。b. 北京大学考古文博学院、河南省文物考古研究所：《登封王城岗考古发现与研究（2002～2005）》（下），大象出版社2007年版，第787—788页。

100万平方米。[1] 发掘者认为新砦城址包括大城和小城，小城在大城西南部，其外围有壕沟。[2] 2002—2005年，考古工作者在小城北部发掘一座浅穴式建筑遗址，东西长92.2米、南北宽14.5米，南、北壁与建筑物之内均未发现承重柱及隔墙的遗迹，发掘者认为这是一座"露天"建筑，并进一步推断这种"浅穴式建筑遗址"可能就是文献记载的"坎"或"墠"一类祭祀性建筑遗址。[3]

关于考古发现的新砦城址性质，有的学者认为这座城址可能为夏启所在的都邑。[4]

（三）偃师二里头城址

1959年夏，中国科学院考古研究所研究员、著名学者徐旭生先生提出寻找夏代都城遗址（"夏墟"），他提出的夏代都城应在中原的洛阳平原或晋南汾水下游一带，因此首先选择河南登封、禹州、巩义、偃师等地开展考古调查，他们很快就在偃师二里头村发现被后来学界认为的

1　参见中国社会科学院考古研究所河南新砦队、郑州市文物考古研究院：《河南新密市新砦遗址东城墙发掘简报》，《考古》2009年第2期。
2　参见赵春青等：《河南新密新砦遗址发现城墙和大型建筑》，《中国文物报》2004年3月3日。
3　参见中国社会科学院考古研究所河南新砦队、郑州市文物考古研究院：《河南新密市新砦遗址浅穴式大型建筑基址的发掘》，《考古》2009年第2期。
4　参见赵春青：《新密新砦城址与夏启之居》，《中原文物》2004年第3期。

夏代晚期都城遗址：二里头遗址。

二里头遗址分布范围南界在冉庄和褚家庄以北、北界在二里头村北部，东自圪当头村东部、西至北许村以东，遗址区东西长约2.4千米、南北宽约1.9千米，总面积约3平方千米。二里头遗址可分为宫城区、墓葬区、官手工业作坊区、贵族居住区、民众居住区等。二里头遗址多年来的考古工作，以20世纪60—70年代进行的一号与二号宫庙建筑遗址及21世纪之初宫城遗址考古发现最为重要，它们奠定了二里头遗址为夏代晚期都城遗址的科学基础。

宫城区基本位于遗址中东部，宫城东西宽约300米、南北长约360～370米，面积约10.8万平方米。东宫墙发现宫门两座，南宫墙西部现已发现一座宫门，该遗址北距一号建筑遗址30米。宫城之外四面有与宫墙平行的道路，道路宽约10～20米。二里头遗址已经考古发现的一、二号宫庙建筑遗址分布在宫城之中的东部与西部，均为坐北朝南。

一号宫庙建筑的殿堂基址夯筑，东西长36米、南北宽25米，面积900平方米。根据基址平面发现的柱网遗存，殿堂面阔8间、进深3间[1]，周置回廊。殿堂基址北部、东部、西部发现祭祀性遗迹与人牲遗存，其中殿堂台

1　参见杨鸿勋：《宫殿考古通论》，紫禁城出版社2001年版，第30页。

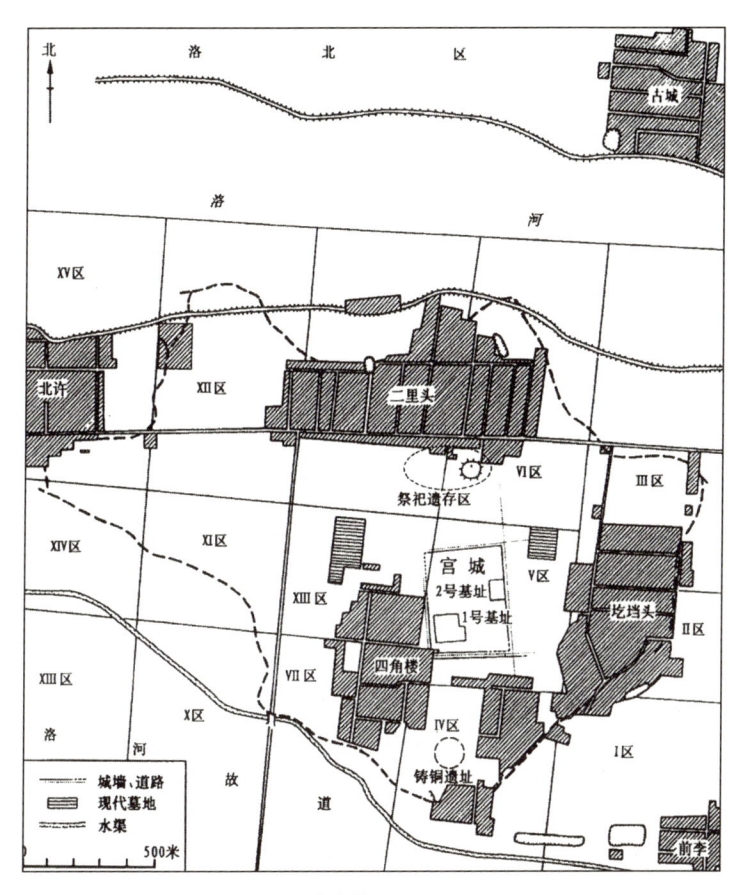

二里头遗址平面示意图

基北部祭祀坑埋葬 3 个人牲，台基西侧和东南侧各发现祭祀人牲 1 人。[1]

---

[1] 参见中国社会科学院考古研究所编著：《偃师二里头——1959年～1978年考古发掘报告》，中国大百科全书出版社1999年版，第138—151页。

一号宫殿建筑遗址位于宫城西部,其南对南宫门遗址。一号建筑遗址周围筑有院墙,院落东西长107米、南北宽99米,面积约10000平方米,院落整体夯筑。院落南墙、东墙和北墙内外均有廊道,内、外廊各宽约3米;西墙仅置内廊,廊道宽约6米。一号建筑殿堂基址位于院落北部中央,距院落北墙20米,距东、西墙各30米。殿堂之南为庭院,院落南面辟门——南门。南门基址东西长28米、南北宽13米,南门前后置廊。南门之中有两道南北向隔墙,隔墙南北长11米、东西宽4米,两道隔墙使院落南面形成为"一门三道",中门道宽3.2米,东西门道分别宽2.6米与2.7~2.9米。以往考古发现的"一门三道"形制,仅见于古代都城城门或宫城宫门(正门),如偃师商城宫城宫门与楚国纪南城南城门(水门)与西城门、汉长安城、东汉雒阳城、汉魏洛阳城、隋唐长安城与洛阳城、北宋东京城、元大都、明清北京城等都城城门。目前考古发现最早的宫城宫门"一门三道"者应为二里头遗址宫城中的第一号宫殿建筑遗址院落南门,它对后代都城、宫城城门制度产生了十分深远的影响,同时对于我们认识该建筑遗址的政治性功能(即宫殿性质)有着极为重要的意义。院落东门和北门均位于院落东北部,门道均宽2.9米、进深1.5米。

二里头遗址一号宫庙建筑遗址,是目前所知最早的具有中国古代宫殿建筑形制特点的宫殿建筑遗址，这主要表现在：主体建筑的平面长方形殿堂，其外有院落，形成封闭院子，南面辟门，南门为"一门三道"，大门两侧置塾。南门与殿堂形成宫殿院落建筑的中轴线。

东部二号宫庙建筑遗址西南距一号宫庙建筑基址150米，基址为长方形夯土台基，南北长72.8米、东西宽57.5～58米，坐北朝南。二号宫庙建筑包括院落、门道、回廊及殿堂。二号基址周围筑有院墙，宽约2米，院落平面呈长方形，东西长72.8米、南北宽57米，面积约4000平方米。院落正门辟于南墙，南门基址东西长14.4米、南北宽4.35米，门道宽2.9米，门道两侧各置一塾。二号宫庙建筑的主体建筑——殿堂基址位于院落北部中央，平面为长方形，东西长约33米、南北宽约12米。

根据殿堂基址平面发现柱网遗存，推断殿堂面阔三间，周置回廊，南廊之前置东西并列三阶。殿堂与院落南门之间为庭院。二号宫庙建筑的院落正门（南门）设置的左、右二塾，是十分重要的遗存。在秦雍城遗址考古发掘的春秋时代马家庄一号建筑遗址，一般认为它们属于宗庙建筑遗址，其院落正门为"一门二塾"[1]。20世纪50年代

---

1 参见a.陕西省雍城考古队：《凤翔马家庄一号建筑群遗址发掘简报》，《文物》1985年第2期。b.韩伟：《马家庄秦宗庙建筑制度研究》，《文物》1985年第2期。

考古发掘的汉长安城南郊礼制建筑中的宗庙建筑遗址,其院落之门亦为"一门二塾"[1]。东周、西汉时期的上述宗庙遗址的院落门址门塾制度如果是从早期沿袭而来,那么它对于认识二号建筑遗址性质,应该是十分重要的。

根据上述二里头宫城遗址之中东西分布的二号与一号大型建筑遗址的各自形制,我们推断它们的使用功能不同,但是作为均在宫城之中的建筑遗址,可以认为二者均系具有"政治性"功能的建筑,其不同之处就是它们的"政治性"功能不同,即可能为宗庙的二号建筑遗址的血缘政治平台与可能为宫殿的一号建筑遗址的地缘政治平台。

二里头宫城之中的宗庙(二号建筑遗址)与宫殿(一号建筑遗址)开创的二者东西并列分布于宫城之中,形成宫城"二元轴线"的特点,成为中国古代"王国"时期国家都城的重要特色,是中华五千多年不断裂文明的"中和"文化的前期特色,即:都城的"择中建都"与都城通过宫城体现的"二元轴线"并存。

"工在官"是中国古代社会十分重要的特点,二里头遗址作为夏代都城,考古发现的其官手工业作坊遗址主

---

[1] 参见中国社会科学院考古研究所编著:《西汉礼制建筑遗址》,文物出版社2003年版。

要有铸铜作坊遗址、玉石作坊遗址、制骨作坊遗址等，这些遗址主要分布在宫城区以南约200米。其中铸铜作坊遗址，面积近万平方米，出土的相关遗物有陶范、石范、熔炉碎片、铜渣、铜矿石、木炭及小件铜器等[1]。在上述铸铜遗址与宫城遗址之间有一院落，其中发现一处面积不小于1000平方米的绿松石作坊遗址。推测二里头遗址墓葬中出土的镶嵌绿松石的铜牌饰和镶嵌绿松石的龙形器等器物，均生产于此。其中镶嵌绿松石的龙形器长64.5厘米、中部最宽处宽4厘米，由2000多片形状不一的绿松石片组成。遗址之中出土的大量绿松石加工废料，进一步证明这里应为二里头遗址的玉石器手工业作坊区。上述高等级官手工业生产遗存，又从时代与城址性质两方面佐证了二里头遗址为夏代都城遗址，因为只有都城之中才能有这样的与王室或高等级权贵相一致的物化遗存。

居住区分为贵族居住区与平民居住区，前者位于宫城东部和东南部，后者位于宫城西部、北部。

虽然二里头遗址至今还未发现可以称为"王陵"的墓葬，但是二里头遗址一些"中型"墓葬出土的遗物种类、

---

[1] 参见中国社会科学院考古研究所编著：《中国考古学·夏商卷》，中国社会科学出版社2003年版，第111—113页。

二里头遗址出土的陶方鼎

数量均很多,"等级"也较高,如青铜器中的鼎、爵、斝、盉、罍、钺等,玉石器中的圭、璋、钺、戚等,陶器中有白陶器、原始青瓷器等,还有一些镶嵌绿松石的铜牌饰、镶嵌绿松石的龙形器等。这些高等级文物,足以佐证二里头遗址在夏代作为国家都城的政治、文化、经济地位。其中的青铜器与玉器之中的"礼器",如青铜器的鼎、钺,玉器的玉圭等,以及原始青瓷成为不断裂中华文明的物化载体。

（四）夏代都城遗址及其"文明"

学术界目前一般认为二里头文化属于夏王朝的考古学文化，历史文献记载夏王朝是中国古代历史上的第一个王国，二里头遗址被认为是夏王朝的都城遗址。从已发现的考古资料来看，就城址规模之大、建筑遗迹与出土遗物反映的规格之高、与其后的古代都城遗址布局形制关系之密切而言，目前还没有任何一座史前时期城址可与二里头遗址相比。属于二里头文化分布区及其附近地域，考古发现的二里头文化城址或与之时代相同的城址，从城址规模、规格等方面综合来看，亦未见出其右者。

20世纪60—70年代，考古工作者发掘了二里头第一号和第二号大型宫庙建筑遗址，这是迄今所知时代最早、保存最好、布局形制最完整的中国古代宫庙建筑遗址。此外，这一时期考古勘探还发现了30多处夯土建筑基址，发掘了与制陶、铸铜有关的遗存，清理了一批中型墓葬。20世纪80年代初至90年代中后期，二里头遗址中的各类房址、祭祀遗存、青铜器铸造作坊遗址、制陶和制骨遗存和墓葬的考古发掘，使学术界对夏代都城遗址文化内涵有了更为清晰、全面的了解。世纪之交，二里头遗址的考古工作在遗址范围、布局形制、宫城和道路的分布、更多宫殿建筑遗址的勘探和发掘、多座重要墓葬的清理、制玉等高级手工业遗址作坊区的发现等诸多方面,都取得了突破性进展。

二里头遗址考古发现在中国考古学上的重要学术意义在于:它是目前可以确认的中国古代历史上第一个王朝的都城遗址,二里头遗址考古学文化的基本究明,为进一步探讨中国古代文明的形成和发展提供了科学研究的学术支撑点和考古学研究的基本参照系。现在,二里头遗址考古既是中华文明探源工程的重要内容,又是其科学研究的学术"切入点"。

二、商代文明

(一)郑州商城

郑州商城内城平面总体略呈长方形。周长约6960米,其中东、南墙各长约1700米,西墙长约1870米,北墙长约1690米。"外郭城"城墙自商城的东南侧一直延伸到西南侧,而且在正对内城东南角和西南角的地方都有一个明显的转折,"郭城"之外有一周城壕。"外郭城"城墙的走向是围绕内城依照地势而设计,防御的性质十分明显。

郑州商城出土大方鼎

近年来的考古资料表明,内城主要分布的是宫殿基址,宫殿基址最密集的地区位于内城的东北部,其范围东西长约750米,南北宽约500米。宫殿区考古发现数十处夯土基址,还发现有规模宏大的蓄水池、排水沟、水井等。在宫殿区已经发现的夯土基址中,大体可以分为三类:第一类为院落式宫殿基址区;第二类为长方形建筑,如C8G15,东西长超过65米,南北宽13.6米。较为狭长,基址外面只有一周檐柱遗迹,该基址可以复原为一座周围建有回廊的长条形房间,可能是一座大型寝殿;第三类为大型密集柱础的近方形建筑。如C8G16,是一座大型夯土房基址,南北长约38.4米,东西宽约31.2米。建筑应有两重廊、檐,可能是有盖无壁的"重屋""明堂"一类建筑。

"外郭城"主要为手工业作坊和墓地、祭祀坑等。在郑州商城的内、外城之间,分布着重要的手工业作坊,包括南关外的铸铜作坊和铭功路的制陶作坊等。

考古工作者在郑州商城遗址张寨南街、城东路回民食品厂与南顺城街三地考古发现的铜器窖藏坑,出土的青铜礼器之重器,在其他商代遗址考古发现中极少见到,这也说明了郑州商城遗址的重要性。

（二）偃师商城

偃师商城位于河南省洛阳市偃师区塔庄，由郭城与宫城组成的"双城制"都城，城址距今约3600年，偃师商城遗址分为早、晚两个时期。晚期偃师商城的郭城南北长约1710~1770米，郭城南城墙长约1240米，北城墙长约740米，城墙宽约16~18米，郭城面积约200万平方米。城墙之外约10米置城壕，城壕宽约20米、深约6米。郭城有五座城门，其中东西城墙各辟两座城门，东西城门恰好东西相对，其间应有道路相连，东西城墙之上的各自南北二城门分别将东西二城墙三等分，也就是说，偃师商城自南向北分为三部分，这在中国古代都城形制发展史上是个非常重要的规制。北城墙于中部辟一城门。据发掘者推测，郭城南墙之上亦应辟有城门。[1]城门均为"单门道"。偃师商城遗址考古发现的大城城门是中国古代都城之中时代最早的城门遗址，但是它们仍然是属于"单门道"。

晚期郭城的南部分布有宫城（宫庙建筑区）和"府库"一类建筑，中部、北部主要有一般居址和手工业遗址，城墙附近发现一些一般墓葬。

---

[1] 参见王学荣：《偃师商城布局的探索和思考》，《考古》1999年第2期。

早期偃师商城郭城遗址（即发掘简报所称的"小城"）与晚期郭城比较，前者北部、东部均内缩。早期郭城遗址平面为长方形，南北长1100米、东西宽740米，面积约81万平方米。城墙宽约6～7米[1]。早期郭城的下限应该与晚期郭城的建成是基本一致的。在早期郭城之中有宫城和第Ⅱ号建筑遗址群等重要遗址。

宫城（第Ⅰ号建筑遗址群）位于早期郭城南部的东西居中位置。宫城平面近方形，南北宽180～185米、东西长190～200米，面积4.5万平方米。宫墙宽约2米。[2] 宫城南宫墙中部辟宫门——南宫门。在南宫门东西两边分布有六号与七号宫庙建筑遗址（即晚期的五号与三号建筑遗址）。就宫城处于早期大城中南部和晚期大城南部来看，宫城北部应辟有"北宫门"。

宫城之内中南部发现宫庙建筑遗址群，已经考古发掘了不下9座宫庙建筑遗址，它们分属于三个不同时期宫庙建筑遗存。[3]

---

[1] 参见中国社会科学院考古研究所河南第二工作队：《河南偃师商城小城发掘简报》，《考古》1999年第2期。
[2] 参见中国社会科学院考古研究所洛阳汉魏故城工作队：《偃师商城的初步勘探和发掘》，《考古》1984年第6期。
[3] 参见中国社会科学院考古研究所编著：《中国考古学·夏商卷》，中国社会科学出版社2003年版，第210页。

1. 宫城东部的宗庙建筑遗址

第四号宗庙建筑遗址周筑围墙，形成院落，院落东西长约 51 米、南北宽约 32 米，面积约 1632 平方米。院落东、西、南三面以廊庑为院墙，廊庑宽约 5 米。院落南面正中偏东辟门，西面辟侧门。主体建筑基址东西长 36.5 米、南北宽 11.8 米，基址周施回廊，前置东西并列 4 个踏步台阶。[1]

第六号宗庙建筑遗址位于宫城东南隅，在第四号宗庙建筑遗址以南约 10 米。平面近方形，周置围墙，院落东西宽 38～39 米、南北长约 42 米，面积约 1638 平方米。[2]院落围墙内侧置廊。院落东部辟门。主体建筑基址东西宽 25 米、南北长 26 米，南部置东西并列 3 处踏步，每处踏步附近有一埋狗的长方形坑。

第五号宗庙建筑是在第六号宫庙建筑遗址之上修建的，该建筑周筑围墙，东西长 104 米、南北宽 91.3 米，面积约 9000 多平方米。院落周施回廊，南面辟门，为"一门三道"之制。主体建筑基址位于院落北部，基址东西长 54 米、南北宽 14.6 米，基址南面设置东西并列的

---

[1] 参见中国社会科学院考古研究所河南二队：《1984年春偃师尸乡沟商城宫殿遗址发掘简报》，《考古》1985年第4期。
[2] 参见中国社会科学院考古研究所编著：《中国考古学·夏商卷》，中国社会科学出版社2003年版，第212页。

4处踏步，每处踏步东、西两侧各置一个埋狗的长方形小坑，狗头朝向大门。[1]

2. 宫城西部的宫殿建筑遗址

第七号宫殿建筑遗址被第三期的第三号宫殿建筑遗址所叠压，二者均自成院落，主体建筑——殿堂居北部中央，西、南、北三面为廊庑。只是第三号宫庙建筑遗址院落大于第七号宫庙建筑遗址院落。第七号宫庙建筑遗址院落的西、南两边，与早期宫城的南边西部、西边南部重合。第三号宫庙建筑院落在第七号宫庙建筑遗址院落基础之上，分别向西、南两边外扩，与晚期宫城西、南两边重合。第三号宫庙建筑遗址南面辟门，南门分为早、晚两期。早期南门台基东西长39.2米、南北宽13.8米。南门基址之上为"一门三道"，三条门道均宽3.2米。五号宫殿的南门，实际上是宫城南部东侧的宫门，亦为"一门三道"。

第二号宫殿建筑遗址南北分别为第七与第八号宫殿建筑遗址，其基址东西长约90米、南北宽11米。宫殿建筑东端与第一号建筑西墙之间有一南北通道，沟通第二号与

---

[1] 参见 a. 中国社会科学院考古研究所河南第二工作队：《河南偃师尸乡沟商城第五号宫殿基址发掘简报》，《考古》1988年第2期。b. 中国社会科学院考古研究所编著：《中国考古学·夏商卷》，中国社会科学出版社2003年版，第213页。

第八号宫殿建筑。

第八号宫殿建筑遗址位于宫城西北部，是宫城宫殿建筑群中西区最北部的宫殿建筑遗址。北距祭祀区C区1.8～2米，西邻西宫墙。第八号宫殿建筑基址坐北朝南，平面为长方形，东西长71米、南北宽7.7米，面积623.7平方米。由东西排列的8座房子组成，每座房子均于南墙辟门。该建筑遗址可能为宫城之中的生活居室之类建筑。

第一号建筑遗址位于宫城中央，自成一长方形院落，西部辟门，与第二号宫殿建筑庭院相通。第一号建筑遗址应属于宫城西区的组成部分。

宫庙建筑遗址群北部为宫城专用祭祀区，东西长约200米。自东向西可分为A、B、C三区：

A区面积约800平方米，由多个"祭祀场"、祭祀坑组成，前者面积较大，后者面积较小、使用时间亦较短。其中的祭祀品内容不尽相同，有殉人和牛、羊、猪、狗、鱼类等牺牲，也有稻、麦等粮食。

B、C二区周置围墙，形成大院落，其中部有一南北向隔墙，将其分为东西并列二院，二者形制、布局与结构基本相同，B区面积约1100平方米、C区面积约1200平方米。二院落南墙中部各辟一门。祭祀品挖沟埋葬，祭祀品中以猪为主要牺牲，也有牛、羊、鹿作为牺牲埋葬的，祭祀品的组合有单独以猪为祭祀品的，也有以多种动物为祭祀品的，其常见的动物牺牲组合为猪、牛、羊。用于祭祀的动物牺牲有整体的，也有躯体一部分的。[1]

祭祀区中的 A 区和 B 区与宫城东部宫庙建筑南北相对，其中 A 区南与第四号建筑基址相对。C 区与宫城西部宫殿建筑群南北相对。

宫城池苑位于宫城北部东西居中，北邻北宫墙，南为祭祀区。水池平面呈长方形，东西长约 128 米、南北宽约 19～20 米、深约 1.5 米。水池池壁石砌。水池东西两端有石砌水道通至宫城之外，连通至早期大城东西城门外的护城河中。西水道为引水道，东水道为排水道。池内发现陶网坠、玉网坠等遗物。[2]

第Ⅱ号建筑遗址群在宫城西南部，其周筑围墙，墙宽约 3 米。平面方形，面积约 4 万平方米。围墙之内发现南北分布的东西向排列建筑基址 6 排，每排由 16 座建筑基址组成。可能属于仓储、府库之类建筑基址。[3]

第Ⅲ号建筑遗址群在宫城东北部，其西墙在早期郭城东墙外侧。该建筑遗址群周筑围墙，平面为方形，边长

---

[1] 参见中国社会科学院考古研究所：《河南偃师商城商代早期王室祭祀遗址》，《考古》2002 年第 7 期。
[2] 参见中国社会科学院考古研究所河南第二工作队：《河南偃师商城宫城池苑遗址》，《考古》2006 年第 6 期。
[3] 参见中国社会科学院考古研究所河南第二工作队：《偃师商城第Ⅱ号建筑群遗址发掘简报》，《考古》1995 年第 11 期。

140米。围墙之内发现多座排列整齐有序的长条形夯筑基址。[1]

从以上偃师商城遗址考古发现情况来看,偃师商城在中国古代都城发展史上所反映的中华五千多年不断裂文明主要体现在以下四点:

其一,王国时代都城由郭城与宫城组成的"双城制"都城形制;

其二,宫城的方形平面;

其三,宫城之内的"左庙右宫"格局,即宗庙在宫城东部,宫殿在宫城西部;

其四,宫城南宫门的"一门三道"形制。

(三)洹北商城与"殷墟"及西北岗商王陵

洹北商城位于洹河北岸,其西南部与传统所说的"殷墟"东北部基本相对。洹北商城的郭城平面近方形,边长约2200米,周长约8800米。墙基宽约7～11米。

宫城基本位于郭城中部略偏南,平面略呈南北向长方形,南北长795米、东西宽约515米,周长2628米,面积约41万平方米,其面积比偃师商城之宫城大10倍;二

---

[1] 参见中国社会科学院考古研究所洛阳汉魏故城工作队:《偃师商城的初步勘探和发掘》,《考古》1984年第6期。

洹北商城平面示意图

里头遗址宫城面积 10 万平方米，其仅为洹北商城的 1/4；殷墟宫殿宗庙区的范围被认为有 0.7 平方千米，那里作为商代晚期都城 200 多年，自然要比仅为盘庚的都城——洹北商城之宫城规模要大。洹北商城宫城墙基宽 7~8 米，墙体宽 5~6 米。宫城中部偏北考古发现南北向排列的 30 余处夯土建筑基址，它们大多应为宫殿建筑基址。已经考古发掘了其中两座宫殿建筑基址，分别编号为"洹北商城一号宫殿基址"与"洹北商城二号宫殿基址"。

两座宫殿建筑形制相近，大小有所不同，平面均为东西向长方形院落，主体宫殿建筑，坐北朝南，主体宫殿基址位于院落北部居中，正门在院落南部居中。院落东西两侧为廊，院落南部置廊，其布局形制犹如"四合院"。一号宫殿主体建筑现存东西长（面阔）90米以上，南北宽（进深）14.4米。二号宫殿主体建筑比一号宫殿主体建筑规模小，其东西长（面阔）43.6米，南北宽（进深）29.9米。

洹北商城应为"盘庚迁殷"时期的第一个都城，即盘庚之都城。

在中国古代都城发展史上，洹北商城的以下几点，对以后都城文化影响十分重要。

其一，这是目前所知道的最早将宫城置于大城中部的都城，这就意味着不但都城要"择中建都"，进一步的发展则为宫城也要在都城之中"择中建宫"。

其二，主体宫殿建筑与宫殿院落正门南北相对，形成规整的院落南北向轴线。

其三，洹北商城平面近方形，体现出都城的崇方理念。这种平面方形宫城比二里头遗址宫城更为规整，其宫城规模远大于偃师商城之宫城。

（四）商代都城遗址及其"文明"

传统所说的殷墟是商王盘庚之后的商王武丁开始营建的都城，东西流向的洹河将其与洹北商城隔开，殷墟位于洹北商城以南，北界约以洹河为界，宫庙区在小屯村、花园庄一带，其西面与南面是壕沟，北面与东面是洹河，形成封闭空间，有可能这里就是殷墟的"宫城"，其范围东西宽约650米、南北长约1100米，总面积约0.6平方千米。我们对夏商都城的宫城规模进行一些比较：夏代偃师二里头遗址宫城东西宽约300米、南北长约360～370米，面积约10.8万平方米；偃师商城的宫城东西长190～200米、南北宽180～185米，面积约4.5万平方米；洹北商城的宫城东西宽515米、南北长795米，面积约41万平方米。上述宫城面积与殷墟小屯"宫庙区"（即"宫城"）规模相比要小一些，这是正常的现象，因为洹北商城只是盘庚一代商王的都城，而"殷墟"则是自盘庚之后的商代晚期国王武丁至帝辛（商纣王）200多年均都于此。

殷墟布局形制是由中心逐步向外发展，中心是宫殿宗庙区，其外为居民区和作坊区，再外为墓葬区。中心区域的小屯、花园庄一带即殷墟宫殿宗庙区，其东部与北部紧临洹河，西、南两边的边界是与洹河贯通的"大灰沟"，此或为"壕沟"。

三、周代文明

（一）何尊与"中国"的"文明"

历史文献记载，文王作邑于丰，武王建都于镐，也就是丰京与镐京。丰镐遗址位于今陕西省西安市西南沣河两岸，丰京在沣河西岸，镐京在沣河东岸。丰镐遗址总面积约 10 平方千米。丰京遗址主要分布在客省庄、张家坡、冯村、大原村、西王村一带，面积约 6 平方千米。镐京遗址分布在昆明池遗址西北部的落水村、泉北村、普渡村、花园村、白家庄、斗门镇一带，范围约 4 平方千米。然而，周武王灭商之后，就提出都城选址问题，这对于国家而言是"国之大事"。《左传·昭公三十二年》记载："昔成王合诸侯，城成周，以为东都。"司马迁《史记·周本纪》更清楚地说明了"昔成王合诸侯，城成周，以为东都"的原因，司马迁引用当时人的话："成王在丰，使召公复营洛邑，如武王之意。周公复卜申视，卒营筑，居九鼎焉。曰：'此天下之中，四方入贡道里均。'"

1963 年陕西宝鸡县贾村镇（今宝鸡市陈仓区）出土的西周早期青铜器何尊，其铭文在铜尊的底部，有 12 行

何尊　　　　　　　　　何尊铭文拓片

122个字，铭文内容就反映了这一历史，佐证了上述《左传》《史记·周本纪》的记载。何尊的铭文详细记载了西周王朝最高统治者关于都城选址于"成周"的原因、经过等，何尊铭文记载，成王五年四月建都洛阳，对武王进行祭祀。丙戌日成王因此在京宫大室中对宗族小子何进行训诰，说明何的先父公氏追随文王，文王受上天之命统治天下，武王灭商之后，告祭于天，以洛阳作为天下中心，周王赏赐何贝30朋。何以此作青铜尊并载铭文，以作纪念。

何尊铭文："隹（惟）王初（迁）宅于成周，复禀斌（武）王豐（礼），福自天。在四月丙戌，王诰宗小子于京室曰：……肆玫（文）王受兹大命，隹（惟）（武）王既克大邑商，则廷告于天曰：'余其宅兹中或，自之乂民。'……王咸诰，何赐贝卅朋，用作囗公宝尊彝。隹（惟）王五祀。"

铭文中的"宅兹中或"四个字最重要，现在一般都把"中或"写成"中國"，繁写体的"國"字是"或"的外围加了一个方框的"囗"，这个"囗"就是四周围筑的"城墙"，上古时代"国"就是"城""都城"。因此《周礼·考工记》有"匠人建国""国中九经九纬，经涂九轨"等文字记载，这里的"国"即"都城"。何尊铭文的"宅兹中或"（或为"宅兹中国"）就是国家都城要选址于"中"，"都城"就是"国"，选址在"中"的"都城"也就称为"中国"。这是"中国"一词的最早文字记载。

关于成周在今洛阳的具体位置，现在还有不同意见，但是洛阳市附近已经发现一些应该属于西周时期的古代城址。如今洛阳老城一带，西至史家沟、东至塔湾、北至北窑、南至洛河北岸，在东西长3000米、南北宽2000米的范围内，发现了西周早中期贵族墓地、铸铜作坊、建筑基址、祭祀遗址等，有人认为西周洛邑有可能在这一带。也有人认为，近年在汉魏洛阳城遗址，考古发现的西周时代夯土城墙，其范围东西长2500～2650米，南北宽1800～1900米，它是否属于"成周"城，还有待进一步的田野考古工作。但是西周初年在洛邑营建西周都城应该是没有问题的，这确认了西周初年都城选址原则，即"择中建都"问题。

这种"择中"理念，不只限于都城选址，就是高等级的官庙建筑的布局、结构也充分体现出来，如陕西岐山凤雏西周甲组建筑遗址，就是一座严格突出"中"之观念的官庙建筑遗址，这座"四合院"式建筑，有着规整的"中轴线"，主体建筑"前堂"居中，其后为"后室"，其前为庭院与正门，东西两侧为厢房。

我们近现代的"四合院"就是从上述凤雏"西周甲组建筑遗址"发展而来的。

（二）"四夷"与"九服"反映的"中"与"中和"理念

关于"四夷"，见于历史文献记载有：

《尚书·大禹谟》载："无怠无荒，四夷来王。"

《孟子·梁惠王上》载："莅中国而抚四夷也。"

《礼记·王制》载："东曰夷、西曰戎、南曰蛮、北曰狄。"

"四夷"是相对"华夏"而言的。"华夏"在"中原"，相对"四夷"而言就是位居"中"的位置。而"四夷"在"华夏"的东西南北"四方"，"华夏"与"四夷"形成"中和"。

关于"九服"，据《周礼·夏官司马·职方氏》记

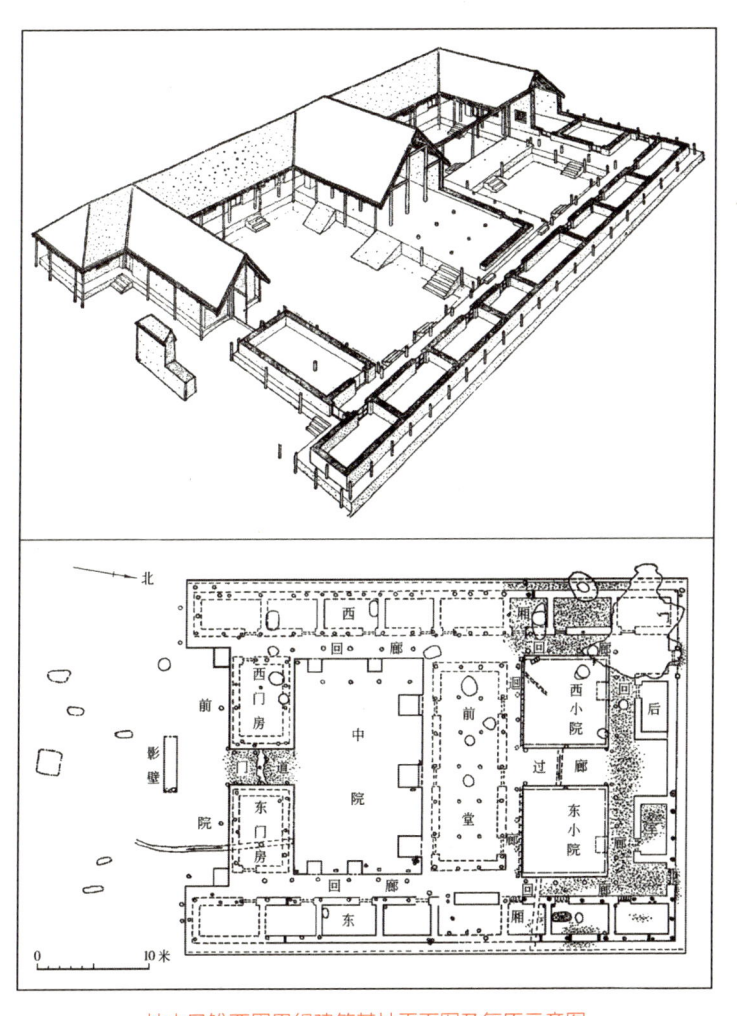

岐山凤雏西周甲组建筑基址平面图及复原示意图

载，古代天子将京城以外的地方按远近分为九个等级，即称"九服"："方千里曰王畿，其外方五百里曰侯服，又其外方五百里曰甸服，又其外方五百里曰男服，又其外方五百里曰采服，又其外方五百里曰卫服，又其外方五百里曰蛮服，又其外方五百里曰夷服，又其外方五百里曰镇服，又其外方五百里曰藩服。"

（三）东周时期"中"与"中和"理论的形成

目前所知有关"求中"记载的最早出土文献是成书于战国时代的清华简《保训》篇，其中记载五帝时代的虞舜"求中"于"鬲茅"。近年来，这一区域发现大量与虞舜同时期的聚落遗址与一些重要城址。这与清华简《保训》篇记载的舜"求中"于此可以对应。《保训》篇又载，商汤的六世祖上甲微为夏禹"追中"（即"求中"）于"河"。"河"即"河洛"，即现在所说的"大嵩山"地区（包括洛阳市、郑州市）。20世纪50年代末以来，考古工作者在嵩山周围发现了登封王城岗城址、新密新砦城址与偃师二里头遗址等早于郑州商城的城址，学术界一般认为上述三处城址应分别为夏代早、中、晚期的都城遗址。

继夏之后的商代早期都城郑州商城、偃师商城均分布在大嵩山地区。郑州商城内城主要是宫殿基址，在内、外城之间分布着铸铜、制陶等重要手工业作坊及重要的铜器窖藏坑，其中出土的8件青铜礼器大方鼎至关重要。鼎为立国之重器，其重要性正如《左传·宣公三年》所云："桀有昏德，鼎迁于商。载祀六百，商纣暴虐，鼎迁于周。"殷墟"亞"字形商王陵的考古发现，从"阴阳二元文化"的角度向人们展示了"地宫"在王陵的"居中"理念，以及东西南北"四墓道"相对地宫的"中"与"中和"理念。

1963年，陕西宝鸡发现的西周早期青铜器何尊铭文"宅兹中或（国）"则是确立"中国"于"天下之中"的物证资料。先秦时期相关文献记载，也与何尊铭文形成互证。

上述关于上古先民"追中""求中"的记载，结合与其相关的考古发现与历史文献记载，可以探讨国家文化的核心理念。从历史考古的遗存"表象"之"中"与"中和"研究阐释，提升至形而上的国家文化的政治学层面，有助于解读营建者深层次的意图，提取、确认其建筑空间背后形而上的国家认同的政治理念与文化基因。

# 第五章 中华五千多年不断裂文明的解读

作为考古学的"文明"研究,其研究对象的物化载体应该明确。恩格斯在《家庭、私有制和国家的起源》中提出"国家是文明社会的概括"。而"国家"主要包括"国民""国土"与"国家政府机构"。其中,"国土"即国家的领土,包括"土地""河山"与"海洋"(现代还有"领空"),这在中国考古发现中均得到佐证。如秦始皇作为国家权力的"代表"与"化身"的物化载体,其陵墓就是国家的缩影,而在其陵墓中的内容就是国家的"核心"内容的物化载体。《史记·秦始皇本纪》记载的秦始皇陵地宫之中"以水银为百川江河大海,机相灌输,上具天文,下具地理"。考古工作者在西汉时期的一些高等级墓葬的墓室顶部,发现了天文星象图,司马迁关于秦始皇陵地宫的"上具天文"的记载应该是可信的。至于秦始皇陵的"下具地理"的"以水银为百川江河大海"已被考古证实,考古工作者与科技工作者合作发现在秦始皇陵地宫之上测到汞的分布及其不同区域的不同浓度。[1]古代都城是国家的缩影,汉武帝在都城建章宫仿照大海修建了"太液池",

---

1 参见张卫星:《地下秦朝》,山东文艺出版社2022年版。

太液池中还有"神山"与石刻"鲸鱼"。自汉长安城至明清北京城，历代王朝的都城之内基本沿袭此制，如唐长安城太极宫中有"四海池"（东海、西海、南海、北海），大明宫中有太液池。建都北京的金中都与元大都之内均有"太液池"，明清北京城中则以"海"（如"北海""中南海""西海"等）名"池"（太液池）。显然，这体现出中国古代王朝将"海洋"作为国家"领海"的理念。

"文明"不断裂解读，是相对"文明"的"断裂"而言的。2020年9月28日，习近平总书记在十九届中央政治局第二十三次集体学习时讲道："中华文明是世界上唯一自古延续至今、从未中断的文明。"[1] 也就是我们经常讲的"中华五千多年不断裂文明"。学术界关于古代世界文明独立发展的有"六大文明"与"三大文明"之说，前者即西亚两河流域古文明、北非埃及尼罗河流域古文明、南亚次大陆印度古文明、东亚中华文明和中南美洲的玛雅文明与印加文明。[2] 后者为近东（两河流域文明与埃及文明）、中国（中华文明）和中南美（玛雅文明与印加文明）。[3]

---

1 习近平：《建设中国特色中国风格中国气派的考古学 更好认识源远流长博大精深的中华文明》，《求是》2020年第23期。
2 Glyn Daniel, *The First Civilizations*, Sterling Pub Co Inc, 2009.
3 ［美］亨利·富兰克弗特：《近东文明的起源》，子林译，上海人民出版社2009年版。

号称现代西方文明源头的希腊文明与罗马文明，前者产生于两河流域文明与埃及文明，但其并非"原生文明"。古希腊帝国在亚历山大之后被罗马征服，476年罗马帝国被日耳曼人与哥特人灭亡，西罗马灭亡也就宣示着西方"古典时代"结束，而世界文明史上形成"罗马之后再无罗马"。波斯文明虽然是在西亚两河流域文明与印度文明共同影响之下产生的，并先后成为地跨亚洲、欧洲与非洲的波斯帝国与"萨珊波斯"帝国（第二波斯），但是651年也被阿拉伯帝国伊斯兰文明所取代，波斯文明走向衰亡。古印度文明北部（巴基斯坦），由于雅利安人入侵而消失，其后又为伊斯兰文明所取代。至于恒河流域古印度文明，也是在其历史上的笈多王朝之后被阿拉伯、突厥不断征服，印度的著名世界文化遗产泰姬陵就是伊斯兰文明在印度的这一历史的见证。至于南美洲的玛雅文明与印加文明，随着15世纪末至16世纪初"大航海时代"与"地理大发现"，其"土著"文明被毁灭。

中国百年考古发现揭示，距今5300年左右的郑州巩义"双槐树城址"与"西山城址"，世纪之交考古发现的距今4300多年的山西襄汾陶寺城址，20世纪70年代以来考古发现的距今4000年左右的河南登封王城岗城址、河南新密新砦城址、偃师二里头城址，均被"夏商周断代工程"与"中华文明探源工程"认为是中国历史上的第一个王朝——夏王朝的早、中、晚期都城遗址。其后的郑州商城、偃师商城与殷墟的考古发现，周秦汉唐与宋辽金元明清王朝都城遗址的考古调查与发掘，揭示了中国古代都城制度的一脉相承。都城作为国家（王朝）的象征，也就理所当然成为中华文明是古代世界唯一保留至今的"五千多年不断裂文明"的实证。

一、"国家"不断裂

中华五千多年不断裂文明的历史由《史记》等二十四史记载的"五帝时代"、夏商周的"封邦建国时代"与秦汉至元明清王朝的"大一统中央集权国家时代"所组成，其间的不同朝代缔造了"中国"不断裂的"共同国家"的历史。对此，可以从黄帝祭祀与历代帝王庙看出中华五千多年文明的"国家"之"不断裂"。

（一）共同的"人文始祖：黄帝"的认同

中国历史上的"国之大事，在祀与戎"，"祀"即"祭祀"。祭祀属于礼制活动，礼制是中华文明的重要组成部分。《礼记·祭法》记载："有虞氏禘黄帝而郊喾，祖颛顼而宗尧；夏后氏亦禘黄帝而郊鲧，祖颛顼而宗禹；殷人禘喾而郊冥，祖契而宗汤；周人禘喾而郊稷，祖文王而宗武王。"

《国语·鲁语》把三代祭祀黄帝作为"国之典祀"，也就是国家祭祀。以后各个时代的不同王朝均通过不同祭祀形式，认同黄帝是中华"人文始祖"。"祖"有两重意义："祖宗"与"祖国"（"国家"），其中第二方面尤为重要。中国古代许多王朝的开国皇帝，多以"祖"称。[1]

最早见于正史记载"王国"之"国王"祭祀黄帝的是战国时代的秦灵公，他为祭祀黄帝专门修建了"上畤"。[2]考古工作者在陕西宝鸡考古发现的"血池遗址"出土了有"上畤"陶文的陶器，这应该是"上畤"的遗物。血池遗址是与古文献记载吻合的时代最早、规模最大、持续时间最长，且功能结构趋于完整的性质明确的国家大型"祭天台"，总面积达470万平方米，由外围环沟、坛、壝、场、道路、建筑、祭祀坑等各类遗迹组合而成。[3]秦始皇在

---

[1] 参见《中国大百科全书·中国历史》，中国大百科全书出版社1994年版，第1079—1096页。
[2] 《史记》卷二十八《封禅书》记载："秦灵公作吴阳上畤，祭黄帝；作下畤，祭炎帝。"中华书局1959年版，第1364页。
[3] 参见田亚岐：《血池遗址考古发现与秦人祭祀文化的认知》，《光明日报》2019年1月7日。

云梦九嶷山、浙江会稽分别祭祀黄帝之后人虞舜、大禹。[1]刘邦在秦末战争之初,被立为"沛公",于是"祠黄帝,祭蚩尤于沛庭"。[2]汉武帝元封元年(前110年)于桥山祭祀黄帝陵。[3]

北魏皇室是来自大兴安岭的鲜卑人,415年明元帝在桥山派使者"以太牢祠黄帝庙。至广宁,登历山,祭舜庙"。[4]太祖道武皇帝"东巡,遂幸涿鹿,遣使者以太牢祠帝尧、帝舜庙"。[5]《唐会要》记载:唐玄宗在唐长安城中修建"三皇五帝庙",祭祀黄帝等。[6]《宋大诏令集》记载:宋代在桥山的"黄帝陵"祭祀黄帝。[7]至元元年(1264年),世祖忽必烈登基伊始,就提出对尧舜禹诸庙的祭祀。[8]元代的泰定帝颁发过保护黄帝陵庙的诏令;元代每年派侍臣对尧、舜、禹进行祭祀。明清祭祀黄帝既在都城修建的帝王庙中举行,又在桥山黄帝陵举行。清代对黄帝的祭祀有增无减,除京城历代帝王庙的祭祀外,皇帝还派专

---

[1] 参见《史记》卷六《秦始皇本纪》,中华书局1959年版,第260页。
[2] 《史记》卷八《高祖本纪》,中华书局1959年版,第350页。
[3] 参见《汉书》卷六《武帝纪》,中华书局1962年版,第189页。
[4] 《魏书》卷三《太宗纪》,中华书局1974年版,第55页。
[5] 《魏书》卷二《太祖纪》,中华书局1974年版,第36页。
[6] 参见《唐会要校证》卷二十二《前代帝王》,三秦出版社2012年版,第370页。
[7] 参见《宋大诏令集》卷一百五十六,中华书局1962年版,第585页。
[8] 参见《元史》卷七十六《祭祀志》,中华书局1976年版,第1903页。

员到黄帝陵致祭，一般是每三年一次，也有临时祭告。清朝对黄帝陵庙的祭祀，仪式隆重，规模宏大，次数较多。清世祖自沈阳迁都北京，顺治八年（1651年）特遣使赴黄帝陵致祭。此后，康熙、雍正、乾隆、嘉庆、道光等皇帝先后近30次祭祀黄帝陵。除常规之祭外，在皇帝登基、平息叛乱、水旱灾害、五谷丰登等重大事件时，都会祭祀黄帝。清代的康熙皇帝先后16次遣使，祭祀作为"祖宗"的炎陵与黄陵。

五千多年来对于中华人文始祖黄帝的祭祀，反映了中国人五千多年来对华夏的国家认同，这些"认同者"不只限于"中原"地区，历史上的"东夷""西戎""南蛮""北狄"的"四夷"人群亦然。之所以如此，是因为他们也认为自己是"黄帝"的"后代"，如属于"东夷"的"少昊"族群，《世本》记载："少昊，黄帝之子。""西戎"的后人苻洪（前秦皇帝）自称其祖先为"有扈之苗裔，世为西戎酋长"。"南蛮"的楚人，《史记·楚世家》记载其先祖"出自帝颛顼高阳"，而颛顼为皇帝之曾孙。"南蛮"的另一支"百越"，《史记·越王勾践世家》记载其先祖属于"禹之苗裔，夏后帝少康之庶子也"。而夏禹出自黄帝，可见"百越"与黄帝一脉相承。至于北方的匈奴则自称："其先祖夏后氏之苗裔也，曰淳维。"[1]《山海经》则明确指出："黄帝之孙曰始均，始均生北狄。"《世本》亦记载："翟氏，黄帝之后，代居翟地。"（"翟"与"狄"通假）生活在大兴安岭地区的北魏鲜卑人，自称为黄帝后代，《北史·魏本纪》记载："魏之先出自黄帝轩辕氏，黄帝之子曰昌意，昌意之少子受封北国，有大鲜卑山，因以为号。"

汉唐与中古时代以后的历代王朝及其地方政权的少数族统治者，他们均认同自己为黄帝后裔，如十六国时代的不少周边地区少数族建立的王朝，这些少数族政治家自认源于黄帝。北魏皇室是来自大兴安岭的鲜卑人，415年明元帝在桥山派使者"以太牢祠黄帝庙。至广宁，登历山，祭舜庙"。492年孝文帝在多地祭祀尧、舜、禹。

藏族认为"虞为黄帝后，羌为虞后，藏为羌后，是藏为黄帝之苗裔"[2]。明清两代都城的"帝王庙"祭祀，则使中华历史祭祀所表现的中华五千多年不断裂文明达到顶峰。

历代王朝祭祀黄帝实际上是国家行为，也就是国家祭祀。这种祭祀活动体现的是从五帝时代、夏商周、秦汉魏

---

[1]《史记》卷一百一十《匈奴列传》，中华书局1959年版，第2879页。
[2] 邓乐群：《"炎黄子孙"称谓的文化意蕴——评〈炎黄子孙不是中华民族中国人民的同义词〉》，《湖南师范大学社会科学学报》1991年第5期。

晋南北朝至唐宋元明清不同王朝认为其均为黄帝创建的国家的继承者，它们说明了中华五千多年文明是不断裂的、一脉相承的。

（二）"国家宗庙——帝王庙"：多民族统一国家的历史记录

中古时代以后的中国古代都城出现的帝王庙，与传统的都城礼制建筑中的"宗庙"不同，也与各种类型的祭祀天地日月及其他祭祀的建筑不同。帝王庙是祭祀传说时代"帝王"与王国和帝国时代之国王及其有"文治武功"的名臣的建筑。

对于传说时代"帝王"的祭祀，历史文献记载先秦时代已经开始。祭祀的"帝王"实际上是传说时代（一般认为属于史前时代）圣君（"上古之君"与"三皇五帝"），如秦灵公于"上畤""下畤"对黄帝、炎帝的祭祀。还有在其传说的中心活动地区或"墓葬"所在地进行祭祀，如秦始皇祭祀虞舜于九嶷山、祭祀大禹于会稽，实际上这些属于"墓祭"。

都城附近往往还有一些祭祀"自然神"的"畤"，如东周时代秦国在都城之外设"畤"祭祀白、青、黄、赤四帝。汉初，刘邦增立北畤，祠黑帝，合为"五畤"。[1]汉文帝在汉长安城东北修建"渭阳五庙"，祭祀代表东、西、南、北、中"五方"的"五帝"。[2]

北魏王朝皇帝不但对黄帝、帝尧、帝舜等进行了祭祀[3]，而且还有周王朝的政治人物。祭祀活动仍然在与传说圣君活动相关的地方。特别需要指出的是北魏王朝统治者是鲜卑人，他们对"三皇五帝"及周代王朝圣君、名臣祭祀，体现出其对"华夏"历史与文化的认同。

隋代帝王祭祀的进一步发展，反映在从夏商周到汉代的"开国"帝王均在祭祀之列，此外还有更多名臣。这时的祭祀活动，在被祭祀对象的都城故地或其陵墓附近。

唐代初年延续了隋代祭祀传说圣君与夏商周及汉代开国帝王的做法，祭祀地点也没有变化。[4]唐玄宗时期，帝王祭祀发生了重大变化，在都城之内修建了祭祀传说时代圣君的"帝王庙"，又在那些圣君、帝王的原来都城所在地

---

[1]《史记》卷二十八《封禅书》。《说文解字》曰："畤，天地、五帝所基址祭地。"中华书局1963年版，第291页。
[2]《史记》卷二十八《封禅书》载："赵人新垣平以望气见上，言'长安东北有神气，成五采，若人冠绂焉。或曰东北神明之舍，西方神明之墓也。天瑞下，宜立祠上帝，以合符应'。于是作渭阳五帝庙，同宇，帝一殿，面各五门，各如其帝色。祠所用及仪亦如雍五畤。"
[3] 参见《魏书》卷二《太祖纪》；《通志》卷四十三《礼志》。
[4] 参见《旧唐书》卷二十四《礼仪志》。

隋大兴唐长安城礼制建筑分布示意图

进行祭祀。[1]

唐玄宗在长安城为祭祀"上古之君"和"三皇五帝"修建了"帝王庙",但是那还不是严格意义上的"帝王庙",而是对共同"祖先"的祭祀。

降及宋代,对先代圣君、历代帝王的祭祀,主要在被祭祀对象的各自陵墓进行。[2]

关于元代的祭祀对象主要为先代圣君及少数帝王等,祭祀地点多在被祭祀者生前重要活动地区。[3]

明代是中国古代都城帝王庙的真正"出现"与"形成"时期,此前唐玄宗在都城修建的"帝王庙"实际上祭祀的是传说时代圣君,他们是被作为国家与民族的共同"祖先"进行祭祀的。朱元璋在明南京城与明中都分别营建了历代帝王庙。《明史》卷五十《礼志四》记载,洪武六年(1373年)"以五帝、三王及汉、唐、宋创业之君,俱宜于京师立庙致祭,遂建历代帝王庙于钦天山之阳。仿太庙同堂异室之制,为正殿五室:中一室三皇,东一室五帝,西一室夏禹、商汤、周文王,又东一室周武王、汉光武、唐太宗,又西一室汉高祖、唐高祖、宋太祖、元世祖,每

---

1 参见《唐会要校证》卷二十二《前代帝王》,三秦出版社2012年版,第369—371页。
2 参见《宋大诏令集》卷一百五十六。
3 参见《元史》卷七十六《祭祀志》之《古帝王庙》。

岁春秋仲月上旬甲日致祭"[1]。

明南京城历代帝王庙中祭祀18位历史人物，他们不只是传说时代圣君，更为重要的是祭祀了明代之前中国历史上主要王朝夏商周汉唐宋元王朝的开国君主，其中将元王朝皇帝置于帝王庙中，标示着明王朝认为元王朝是"中国历史"的"一部分"。因此明代把以前的"帝王庙"发展为"历代帝王庙"，"历代"至关重要，这是跨越"朝代"的"国家历史"。尤为重要的是，洪武二十一年（1388年），朱元璋又增加37位夏商周汉唐宋元王朝的"名臣"从祀于历代帝王庙，这些名臣之中有汉族，也有少数民族。这时的帝王庙成为真正政治意义上的中华文明的"国家宗庙"，之所以这样说，是因为朱元璋把三皇五帝与夏商周汉唐宋元作为一个不同时期连续性王朝的"国家"整体来看待。

永乐徙都北京之后，明世宗嘉靖九年（1530年）"建历代帝王庙于都城西，岁以仲春秋致祭，后并罢南京庙祭……十一年（1532年）夏庙成，名曰景德崇圣之殿，殿五室，东西两庑，殿后祭器库，前为景德门，门外神库、神厨、宰牲亭"[2]。所建历代帝王庙祭祀的先代圣君、

---

1 《明史》卷五十《礼志四》之《历代帝王陵庙》。
2 《明史》卷五十《礼志四》之《历代帝王陵庙》。

帝王与明南京城历代帝王庙中基本相同。

清代沿袭了明代北京城历代帝王庙，位于今西城区阜成门内大街131号。庙院平面长方形，坐北朝南。南门为正门，东、西两侧各辟一"旁门"，南门之内，北对景德门，又北对帝王庙主殿——景德崇圣殿，殿前置月台。清王朝的历代帝王庙比以前帝王庙享祀的帝王数量有了大量增加，尤其是一些少数民族建立的王朝的帝王进入历代帝王庙祭祀对象之中。顺治二年（1645年），历代帝王庙中增加了辽、金、元三代帝王及其名臣，还有明代的国君与功臣。顺治十七年（1660年）又改变以前帝王庙中只祭祀开国帝王的传统，一些有文治武功的帝王也纳入帝王庙进行祭祀，这样就使帝王庙中享祀的帝王有25位、名臣有39位。乾隆四十九年（1784年），乾隆依据"国家观念""正统理念"，提出中国历史上的历代王朝的历代帝王均应具有"庙享"地位，因此应与享祀历代帝王庙的帝王标准要一致[1]，最后使历代帝王庙享祀帝王达到188位。

清代的历代帝王庙的祭祀对象包括了中国古代历史上几乎所有王朝的绝大多数帝王，其祭祀内容发展到"全面""系统""完整"地对"国家"祭祀，历代帝王庙真正成为"国家"的"庙"，而不是某个王朝的"庙"、某个

---

[1] 参见《日下旧闻考》卷五十一。

明清北京城帝王庙

"圣君"的"庙"。"帝王庙"维系"中华统绪",是"国家"的历史,不是王朝的"明君"汇聚地,历代帝王庙成为多民族统一国家完整历史的缩影。

清代北京城历代帝王庙的另一个重要历史意义,作为国家最高统治者的满族人,他们尊重中华民族几千年来形成并发展的文明史,不论在这条历史长河中哪个王朝、哪个民族作为国家统治者,历代帝王庙体现出的都是视其为多民族统一国家的有机组成部分,都是中华民族历史不可缺少的一部分。当然,在中国多民族统一国家发展史上,这种共同"祖先"(圣君)的认同早已有之,而且不少就是古代中国的周边部族，如南北朝时期的北魏鲜卑人，他们把"三皇五帝"作为祖先祭祀；再如在中国中古时代以后的北方、东北方的契丹、女真、蒙古等部族建立的多民族统一的国家——辽、金、元、清王朝，其统治者代表国家对中华民族圣君与历代王朝帝王的祭祀，特别是在国家的政治中心、文化中心的都城建立历代帝王庙，对传说时代"三皇五帝"的祭祀、对历代王朝的历代帝王的祭祀，实际上是对共同"先祖"、共同国家历史的"祭祀"，是对中华民族历史的"祭祀"，这充分体现了中华五千多年不断裂文明，体现了中国五千多年生生不息的历史。历代帝王庙真正成为"国家宗庙"，成为多民族统一国家"完整"历史的缩影。明清历代帝王庙传达的是"尊崇中华统序（绪）的一脉相承"，历代帝王庙是"'中华统绪不绝如线'的标志与象征"。历代帝王庙还表现了"尊重中华统序（绪）的一体多元"。[1]

上述历代王朝对"人文始祖黄帝"的祭祀及都城之中"帝王庙"的营建与祭祀活动不间断开展，在世界各国历史上是独一无二的。这种中华五千多年不断裂文明是基于中国历史上多民族对共同国家——中国的认同，对以汉族为主体形成的中华民族的认同，对多元一体的中华民族历

---

[1] 许伟：《历代帝王庙的来龙去脉》，《光明日报》2013年8月12日。

史文化的认同。

我们现在祭祖既是对传统优秀历史文化的继承，又是新时代的国家需要。国家为什么需要？我认为当前存在的现实问题就是国家的认同问题、中华民族的认同问题。现在出现的"藏独""疆独""台独"等就是对国家的不认同、对中华民族的不认同，当然"国家"和"中华民族"这两个词都是现代词，但是它们不是民族学的概念，"中华民族"是国族。就跟现在说汉族一样，汉族不具有民族的概念，实际是沿袭了过去的"汉人"，"汉人"是当时那个朝代的中国人，"唐人"就是唐代的中国人，后来在某个层面约定俗成了叫"汉人"。因此，对黄帝的祭祀不是汉人祭祀，也不是祭汉族，黄帝是最早的国家政治领导人，因为最早的国家是不同部落的结合，最后汇总成一个既有血缘又跨血缘的，血缘与地缘相结合的群体，是这个群体形成的最早的国家。增强中国国家凝聚力、促进多民族国家统一，需要有"根文化"，虽然文化多元是个客观事实，但是"满天星斗"不等于每个星斗的吸引力是一样的，不是太阳围着地球转，更不是地球围着月亮转，只能是地球围着太阳转、月亮围着地球转。历史上同一时代各种各样的考古学文化对历史发展的"权重"是各不相同的。中国进入文明时代后，中原文化是"根文化"，如果从文明时代算起，黄帝就是中国的"根"。

奴隶社会相对于原始社会是个进步，封建社会统一多民族的中央集权国家相对于奴隶社会也是个进步，它的进步在于我们多民族统一的中央集权国家的发展与壮大。当前中国从那个历史时代发展而来。现在世界是什么形势？个别超级大国希望其他国家分裂，分裂越多，其超级大国地位越巩固，加之一些民族分裂主义者鼓吹"宁当鸡头不当凤尾"，致使不少国家被分裂，因此国家越来越多。在这样的时代，像中华民族、像中国这样历史悠久的国家怎么应对？我觉得，祭拜黄帝实际上既是文化祭祀也是政治祭祀，从这点来说是时代要求的必然。

我们要有个物化载体，把全中国各族人民凝聚起来。历史告诉我们，是黄帝把我们连起来，我们要从文化上、历史上谈中华民族的认同性，谈国家的认同性。祭黄帝不是单单血缘上找祖宗，为什么叫"黄帝"？"帝"的前提是他必须是国家政治领导人。因此，中华民族祭拜黄帝成为国家祭祀，也就是"国祭"。所谓"国祭"实际是"祭国"，和祭祖联系起来就是祭祖国，黄帝是中国的"第一帝"。

我们现在要继承中华优秀的历史文化传统，比如对国家的认同、对民族的认同、对祖先的敬仰和认同。我们祭黄帝和无神论没有冲突，虽然也可能有磕头、烧香，但我们是对国家的信仰，对中华民族的信仰。我们的先人从对黄帝的陵墓祭祀到帝王庙中祭祀，再到近现代对黄帝祭祖，这个历史传统要继承与发展，新的时代我们需要把黄帝拜祖大典上升为"国祭"。

（三）历史文献记载的"不断裂"

从"一万年的文化史"进入"中华五千多年不断裂的文明史"时代，可以通过考古发现与历史文献记载越来越得到证实。中华五千多年不断裂的文明史有着从《史记》到《明史》总计3213卷约4000万字的国家"正史"文献记载，这是一代又一代的中华先民缔造的延续至今的中华五千多年不断裂的文明史的"历史文献记录"，这样的文献历史在世界"六大文明"乃至世界史上是独一无二的。作为中华五千多年不断裂文明历史，还有众多中国先秦典籍：《尚书》《春秋》《左传》《国语》《逸周书》等，更有百年来震惊世界的中国考古发现，其中的大量出土文献（甲骨文、青铜器铭文与简牍、帛书等）尤为重要，它们佐证了上古时代的历史，它们是中华文明研究中独具特色、丰富的"科学资源"，因此习近平总书记在中共中央政治局第三十九次集体学习时强调"把中国文明历史研究引向深入"，特别指出，"把考古探索和文献研究同自然科学技术手段有机结合起来，……密切考古学和历史学、人文科学和自然科学的联合攻关"。

二、"国民"不断裂

（一）考古学实证的"国民"不断裂

中国考古百年揭示，在中华大地有着"百万年的人类史""一万年的文化史""五千多年的文明史"，考古发现"百万年的人类史"的旧石器时代文化遗存数以千计，其时代距今200万年至1万年，它们分布在中国近30个省区市，如著名的云南元谋上那蚌、重庆巫山龙骨坡、湖北建始龙骨洞、陕西蓝田公王岭、安徽繁昌人字洞、山西芮城西侯度、河北阳原泥河湾文化遗存、北京周口店、辽宁金牛山、陕西大荔、贵州盘县、陕西南郑龙岗寺、广西百色、山西襄汾丁村、郑州织机洞、广大韶关马坝、广西柳江等数十处人骨化石点与数以百计旧石器时代遗址点。[1]

据此，古人类学家吴新智先生1998年提出了关于中国乃至东亚人类进化的假说："连续进化，附带杂交"，前者为主要趋势，后者与时俱增。这样的进化格局显示中

---

[1] 参见刘庆柱主编：《中国考古发现与研究（1949—2009）》，人民出版社2010年版，第35—77页。

国现代人的祖先虽然接受过境外的基因，但主要发源于本地，而不是来自非洲。[1]

考古学家高星通过对旧石器时代中国古人类"综合行为模式"研究，揭示出"该区域古人类于更新世的大部分时期内在生物进化与行为演化上具有连续性、稳定性、高频迁徙性、务实简便性、机动灵活性、因地制宜性和与环境的和谐性，在文化发展方面表现为保持传统与进取创新相交织，从考古学文化的角度对中国古人类'连续进化，附带杂交'的理论提供支持"[2]。基于上述研究，可以看到，"中国旧石器文化在整个更新世于华夏的腹地表现为连续、稳定的发展与演化，从未发生过明显的类型和技术的飞跃、中断和替代。这对中国古人类连续演化、中国现代人类本土起源的理论提供了考古学和文化上的支持"[3]。

中华大地先民从"百万年的人类史"走进"一万年的文化史"，开启新石器时代征程。大批新石器时代考古学文化在中华大地被发现，如距今一万年左右北方地区的新

---

[1] 参见吴新智：《从中国晚期智人颅牙特征看中国现代人起源》，《人类学学报》1998年第17卷4期，第276—282页。刘庆柱主编：《中国考古发现与研究（1949—2009）》，人民出版社2010年版，第91页。

[2] 高星、裴树文：《中国古人类石器技术与生存模式的考古学阐释》，《第四纪研究》2006年第26卷第4期，第504—513页。

[3] 刘庆柱主编：《中国考古发现与研究（1949—2009）》，人民出版社2010年版，第83页。

石器时代早期的河北徐水南庄头、北京怀柔转年与门头沟东胡林、河北阳原于家沟遗址等；南方地区的江西万年仙人洞与吊桶环，湖南道县玉蟾岩，广西桂林甑皮岩与庙岩、临桂大岩、邕宁顶蛳山，广东英德牛栏洞等遗址；其后还有新石器时代中期的河南裴李岗文化、内蒙古赤峰兴隆洼遗址、湖南澧县彭头山遗址、浙江萧山跨湖桥遗址和浦江上山遗址与嵊州小黄山遗址、北辛文化与新石器时代晚期及末期的大汶口文化、红山文化、长江流域大溪文化、马家浜文化、崧泽文化、河姆渡文化、凌家滩文化、良渚文化等。"一万年的文化史"先民在新石器时代末期将其"历史接力棒"传递给"中华五千多年的文明史"缔造者。

"一万年的文化史"经过约五千年发展，开启了"中华五千多年的文明史"的"历史考古"大门。

中华文明不但有着"五千多年不断裂的文明史"，而且其缔造者的先民还是中华大地之上"一万年的文化史"与"百万年的人类史"的主人，他们世世代代在这同一片中华大地上留下了"百万年的人类史"（旧石器时代）与"一万年的文化史"遗存（新石器时代）。

（二）遗传学实证的"国民"不断裂

中华五千多年不断裂文明的"主体"是创造这一"文

明"的"人"之"不断裂"。

根据最新的中国遗传学研究成果，五千多年来（或者可以说更为遥远的时代以来）东亚地区的古代先民的遗传基因延续不断，目前中国境内绝大部分人的基因与五六千年前的黄河流域中游地区人群的基因相近。复旦大学人类学实验室研究发现："有着共同的文化和语言的汉族，人口超过了十一亿六千万（2000年人口统计），无疑是全世界最大的民族。因此汉文化的扩散过程广受各领域研究者的关注。通过系统地对汉族群体的Y染色体和线粒体DNA多态性进行分析，我们发现汉文化向南扩散的格局符合人口扩张模式，而且在扩张过程中男性占主导地位。"[1]

这就是说，在东亚的现代中国的先民，从血缘系统来看，他们数万年来一直未变，尤其是最近五千多年来的人群基因，更是"集中"在黄河流域中游，特别是这里的远古时代男性，对现代南方地区中国人的基因贡献尤为突出。也就是说，中华五千多年不断裂文明的缔造者主要来自黄河流域中游的古人。

古代北方与东北地区少数族群与内地的人群关系，依

---

[1] 金力、李辉、文波等：《遗传学证实汉文化的扩散源于人口扩张》，《自然》2004年第431卷，第302—304页。

据田野考古资料，开展遗传学、体质人类学、历史文献学多学科结合研究已经取得重要突破。

北方少数族群以建立北魏王朝的鲜卑人、辽王朝的契丹人和元王朝的蒙古人与内地族群关系最为重要。

吉林大学分子考古学研究室对北方内蒙古东部地区汉魏时期的鲜卑文化遗存与早期契丹文化遗存研究认为，二者的古墓遗骸DNA检测结果显示其属于具有亲缘关系的同一种族系统。[1]考古工作者发现的早期契丹文化与北方地区的汉魏时期鲜卑考古学文化具有明显的共性特点。契丹王朝重要官员、贵族耶律羽之的墓志铭记载说明，契丹与鲜卑同出一源。[2]在辽宁阜新考古发现的辽代永清公主墓志则铭刻：永清公主"原其姓耶律氏，景宗孝彰皇帝之嗣女也，圣宗孝宣皇帝之侄孙。盖国家系轩辕黄帝之后"[3]。

蒙古族起源于唐代的"蒙兀室韦"，考古学家、人类学家通过对考古发现的内蒙古乌盟察右前旗豪欠营辽墓出土的契丹人的颅骨和东汉鲜卑墓葬的人骨及近代蒙古族人骨的体质进行人类学比较研究，认为"蒙兀室韦"应溯源

---

1 参见高凯军：《论中华民族——从地域特点和长城的兴废看中华民族的起源形成与发展》（修订第三版），文物出版社2014年版，第256页。
2 参见内蒙古文物考古研究所、赤峰市博物馆、阿鲁科尔沁旗文物管理所：《辽耶律羽之墓发掘简报》，《文物》1996年第1期。
3 袁海波、李宇峰：《辽代汉文〈永清公主墓志〉考释》，《中国历史文物》2004年第5期。

于汉代鲜卑。[1]

高凯军在《通古斯族系的兴起》一书中提出：东北地区建立大金王朝与清王朝的女真人，他们就是古代东北亚地区的通古斯族，而通古斯语与满语的同源关系，说明西伯利亚的通古斯族应该渊源于黑龙江地区。20世纪20年代初，俄国学者史禄国（1889—1934年）提出"通古斯人的原始故乡当在'黄河和长江的中游和部分下游地区'"。高凯军认为："我国境内石器时代遗址的分布情况和民族学资料及历史文献记载表明，古代通古斯人最早起源于我国内地。"[2]

复旦大学金力院士团队通过语言学、遗传学、考古学等多学科结合，对109种汉藏语系进行研究，探索中华五千多年不断裂文明的"主人"之"一脉相承"，他们认为："汉语和藏缅语系的分化时间，即原始汉藏语分化成现代语言的最早年代在距今约5900年前，地点可能在中国北方，因此该语系的起源和分化可能与仰韶文化及马家

---

[1] 参见高凯军：《论中华民族——从地域特点和长城的兴废看中华民族的起源形成与发展》（修订第三版），文物出版社2014年版，第260页。
[2] 高凯军：《通古斯族系的兴起》，中华书局2012年版，第27、272页。

窑文化的发展有着密切关系。"[1] 也就是说,藏族渊源于黄河中上游地区。

(三)中华"国民"姓氏历史的不断裂

宗法社会是中国古代历史的突出特点,姓氏是宗法社会的基本符号,因此姓氏研究是宗法社会研究的基础,也是研究我们中华民族、国家社会历史的基础。

考古学是研究"人"的科学,从这个角度可以说,考古学实质上属于"人学"。从社会考古学方面来看,"人"与"人群",是考古学研究的基本单元,而"人"的历史发展与变化,主要反映在"人群"的组合与变化。人由男人和女人组成,男人和女人只有组成"人群",自身才能生存、延续,并适应客体世界的不断发展。"人群"组织结构的变化,是人类早期历史发展的基本指数。这种最早的"人群"被考古学称为"原始群",在北京周口店旧石器时代遗址的考古发掘中,已经得到证实。关于这时的"原始群"社会组织结构,我们现在还很不清楚,它们与现代意义上的家庭还相距很远。这时的"原始群"属于

---

1 颜维琦、曹继军:《我学者揭示汉藏语系起源于中国北方——可能与仰韶文化及马家窑文化的发展有着密切关系》,《光明日报》2019年4月25日。复旦大学金力团队:《语言谱系证据支持汉藏语系在新石器时代晚期起源于中国北方》,《自然》2019年第569卷,第112—115页。

"群婚"形式，这样的社会组织被称为"群体家庭"。

从旧石器时代早期进入旧石器时代中晚期，社会婚姻形态由"原始群"发展为具有血缘性质的"原始家庭"或称"血缘家庭"，其婚姻形态的基础为学术界所说的"血族群婚"，也就是摩尔根所说的"血婚制家族"。

大约在旧石器时代晚期开始萌芽、新石器时代趋于成熟的一种基于族外群婚（即"亚血族群婚"）的"亚血缘家庭"逐渐出现，产生了"氏族"[1]。这是知其母、不知其父的"母系社会"。这时出现了"姓"，根据《说文解字》记载："因生以为姓。""姓"的字形是从"女"、从"生"，同一女子的后代，应为同姓。从中国文字学角度来看，最早的"姓"大多带"女"字旁，如传说时代的神农氏姓"姜"、轩辕氏姓"姬"、少昊氏姓"嬴"、有虞氏姓"妫"、夏后氏姓"姒"等。社会的发展，同"姓"人口的增多，同"姓"又分成生活在相邻地区的不同聚落，这些可能就是同"姓"而不同"氏"的聚落群，最早的"氏"应该是这样产生的。"氏"属于"姓"之下的"单位"，"姓"为主干，"氏"为分支。因此，文献记载"言姓则在上，言氏则在下"[2]。恩格斯提出氏族是在蒙昧时

---

[1] 参见徐扬杰：《中国家族制度史》，人民出版社1992年版，第29—31页。
[2] 《史记·高祖本纪》索隐引《世本》。

代中级阶段发生,至野蛮时代低级阶段达到全盛时代[1];摩尔根所说的从"伙婚制家族"到"偶婚制家族"再到"专偶制家族"时代[2],与我上面所说的"姓氏"起源与成熟的时代是基本相近的。

随着社会的发展,这些"氏"与"姓"就"合而为一"了。后代许多"姓",原来是作为"氏"的,如"王""卫""毛""文""石""冯""宁""邢""刘""孙""邵""周""柳"等,均源于"姬"姓;"丁""吕""邱"等,均出于"姜"姓;"邓""沈""夏"等,源于"姒"姓;"江""李""黄"等,出自"嬴"姓。

人类社会进入父系社会以后,"姓"不但被保留下来,而且得到进一步强化。母系氏族社会的"姓"按照母系来计算,父系氏族社会的"姓"按照父系来计算。进入王国时代,父系氏族社会的"姓"与"氏"合而为一,这时的姓氏以"个体家庭"为基础,它们与此前的"群体家庭"属于不同的社会组织形态。多个同姓"个体家庭"构成"家族"。这些"家族"亦称"宗族"或"宗",家族、宗族有共同的家庙、宗庙、祠堂、族谱、家谱与族墓地。中

---

[1] 参见恩格斯:《家庭、私有制和国家的起源》,人民出版社2018年版,第176页。
[2] [美]路易斯·亨利·摩尔根:《古代社会》上册,杨东莼、马雍、马巨译,商务印书馆1977年版,第25页。

国古代的宗法社会的基础是家族、宗族，姓氏成为宗法社会不变的文化遗传基因。

"姓氏"出现于史前母系氏族社会，长期以来研究姓氏问题，主要根据古代传说、民族学、人类学、历史学资料。随着19世纪近代考古学的形成与发展，与姓氏研究的相关考古学资料已有一定程度的积累。近年来自然科学技术在考古学的广泛应用与结合，使考古资料的取得更为全面，使考古学研究更为深化、细化，从姓氏研究的考古资料与研究方法两个方面，均为我们创造了极为有利的科研基础条件。

考古学的遗址发掘是研究"姓氏"历史发展的重要科学方法。19世纪70年代，享誉世界的美国人类学家路易斯·亨利·摩尔根在其《古代社会》问世的第二年（1878年），就去科罗拉多和新墨西哥考察考古发掘的遗址，并立即着手撰写了《美洲土著的房屋和家庭生活》一书。摩尔根意识到，关于人类古代社会的研究，尤其是通过人类学、民族学等探索人类家族历史研究，可以进行各种各样的科学假设，但是"假设"成为"科学"，必须得到"验证"，而考古学是目前所知"验证"上述"假设"的主要"科学"，因此，摩尔根不顾晚年体弱多病的身体，抱病对古代遗址的考古发掘现场进行田野考察，并在其去世（1881年12月17日）前夕，出版了这次对考古遗址发现的科学考察研究成果。多年来我们的田野考古实践也证实，关注古代人类生存、生活、生产"平台"遗址——房屋、聚落、聚落群等古代遗存，是揭示古代"人""人群"的彼此血缘与地缘关系的一把科学"钥匙"。从旧石器时代北京周口店猿人的"群居"，到新石器时代内蒙古敖汉旗兴隆洼遗址、甘肃秦安大地湾遗址、陕西西安半坡遗址和临潼姜寨遗址及高陵杨官寨遗址、河南灵宝西坡遗址、安徽蒙城尉迟寺遗址、湖北枣阳雕龙碑遗址等聚落遗址的发现，通过对其房屋遗址布局结构的研究，为探索当时人们之间的"婚姻""家庭"关系，提供了实物资料。

古代墓葬考古资料，是考古学进行"姓氏"研究的另一个重要领域。古代墓葬中的死者性别、年龄、墓内彼此分布位置、随葬品等，是研究同一墓葬中的不同人之间关系的重要考古资料。同一墓地不同墓葬的分布位置，又可揭示其彼此关系。

现代分子生物学在考古学中的应用，极大地促进了考古学的"姓氏"研究。这可以从两个层面开展研究：其一，对现代中华民族的不同地区"姓氏"的人，通过分子遗传学DNA技术，寻找到古代"姓氏"的分布地域及其"姓氏"移动信息。其二，通过古代墓地的大规模考古发掘，从古人的骨骼中提取DNA样本，建立其遗传学关系，探讨"人群"变化，探索"人群"迁移时空，从而为"姓氏"研究提供基础科学资料。就目前考古学发展来说，上述意见，还是一种科学研究的设想，不过我认为科学研究方法的发展与改变，对推进"姓氏"研究来说，已是至关重要的科学研究内容。

鉴于半个多世纪以来的中国考古学发现与研究成果，学术界已经基本认为"姓"是母系氏族社会的产物，而史前时代的仰韶文化是中国古代历史上最发达、影响最大的母系氏族考古学文化。[1] 仰韶文化的中心地区又在河南西部、陕西东部、山西南部，其中仰韶文化的庙底沟类型被称为"典型仰韶文化"。"庙底沟类型主要分布于华山以东、崤山以西的豫西三门峡地区和汾河中下游的晋南地区"，其"强大时西逼甘东，东据郑、洛，南抵宛襄、北达河套。它的影响面更大，西至甘青，东抵沿海，南到长江南北，北达长城内外，几乎遍及大半个中国"。[2] 这与我们现在了解的中国人姓氏分布情况，有着惊人的相似之处。据相关资料，在现代中国依据人口数量多少而排列的300个大姓中，有170个姓氏的源头或部分源头在河南，在最新排列的100个大姓中，78%的姓氏源头或部

---

[1] 参见中国科学院考古研究所编著：《庙底沟与三里桥》，科学出版社1959年版；杨育彬、袁广阔主编：《20世纪河南考古发现与研究》，中州古籍出版社1997年版，第143页。

[2] 河南省文物研究所编：《河南考古四十年》（1952—1992），河南人民出版社1994年版，第49页。

分源头在河南。[1] 这是五千多年来历史发展的必然。先秦时代，在"大中原"地域之中属于不同"姓"的家族、宗族之间，形成长期的婚姻关系，构成最初的"华夏族"。秦汉时代以汉族为主体的中华民族，就是在"华夏族"的基础之上，在东亚更大区域中（基本与现代中国地域相近的空间范围），共同形成的"多元一体"的中华民族。河南应该成为以考古学方法、理论（以现代自然科学技术在考古学的广泛应用为基础）研究中国古代姓氏文化的最主要的科学研究基地。

姓氏学通过人们的姓氏研究彼此之间的血缘关系。利用"姓氏学"研究"文明"与人群、"族群""国民"间的关系，中国有着得天独厚的条件。袁义达、张诚研究认为：中国是世界上最早使用姓氏的国家，大约在新石器时代晚期"姓"已产生。[2] 中国人的姓之出现不但有着久远历史，而且姓氏相对集中，据统计，在"当今中国流行的前200个姓氏中，出自炎帝姜姓系统的姓氏约占10%，出自黄帝姬姓系统的姓氏约占89%"。也就是说，当今中

1　参见徐光春：《序言》，中共河南省委统战部、河南省社会科学院编：《中华姓氏河南寻根》第一卷，中州古籍出版社2009年版。
2　参见袁义达、张诚：《中国姓氏：群体遗传和人口分布》，华东师范大学出版社2002年版，第1页。

国人应有99%为"炎黄子孙"。[1] 上述中国国民姓氏情况充分说明，作为"炎黄子孙"的中华儿女自新石器时代晚期以来，一代又一代传承、缔造了五千多年不断裂的文明历史。

三、"国土"不断裂

早在6000多年前，也就是考古学界现在所说的"早期中国"考古学文化主体——仰韶文化主要分布在"陕西关中地区、河南大部分地区、山西南部、河北南部，远及甘青交界、河套地区、河北北部，湖北西北部也有一些发现"[2]。而仰韶文化的庙底沟文化范围要比以上传统所说的仰韶文化分布范围更大。

承袭黄河流域中游的庙底沟文化的是河南龙山文化，中华五千多年不断裂文明的主要源头是上述考古学文化，也就是历史文献记载的"五帝时代"。"五帝时代"始于黄

---

[1] 参见刘文学：《建设华人寻根圣地 传承华夏历史文明》，张新斌、刘五一主编：《黄帝与中华姓氏》，河南人民出版社2013年版，第230—231页。
[2] 中国社会科学院考古研究所编：《新中国的考古发现和研究》，文物出版社1984年版，第41页。

帝,《史记·五帝本纪》记载黄帝建立的"有熊国"的范围:"东至于海,登丸山,及岱宗。西至于空桐,登鸡头。南至于江,登熊、湘。北逐荤粥,合符釜山。"[1]这与庙底沟文化分布区基本一致。这一范围在中华五千多年文明发展史上不但没有断裂、得到承袭,并在秦汉至明清时代,由于"中"与"中和"理念成为"中华文化基因","有容乃大"成为中国历史的"贤明政治"。随着历史发展,不同族属越来越和于"中华大家庭",国民越来越多、分布地区越来越广,中华国土得到不断巩固、发展。

四、"文字"及出土文献和传世典籍反映的中华文明五千多年不断裂

现在有的学者提出,距今5000年左右,中国的汉字已经出现,中国各地考古发现的新石器时代晚期与末期遗存中的不少"符号"已经具有"文字"特点,有的学者称之为早期"文字"。再晚一些的如距今约4300—4100年的山西襄汾陶寺遗址中已经考古发现了可以确认的汉字,

---

[1]《史记》卷一《五帝本纪》,中华书局1959年版,第6页。

而且其一直延续到现在。殷墟中发现的甲骨文，可以说是已经"成熟"的汉字。继之，西周青铜器铭文、东周陶文与盟书、简牍、帛书之上的文字，是在商周甲骨文基础之上进一步发展的"大篆""小篆"及"六国文字"。秦始皇建立了多民族统一的中央集权国家，他采取了"统一文字"的"国策"，为维护国家的统一、增加国家文化的凝聚力，作出了永载中华史册的巨大贡献。正是由于秦始皇"统一文字"于"小篆"，经汉唐时代，由"小篆"至"汉隶""楷书"，至今使汉字成为中华五千多年不断裂文明的突出代表。就世界各国而言，类似情况是极为罕见的，甚至可以说是绝无仅有的。

由五千多年不断裂的中国文字历史形成的五千多年不断裂的中国历史文献在世界史上更是极具特色，其中的二十四史在世界各国历史文献发展史上是独一无二的，是全世界唯一的一个保存着"五千多年不断裂"的完整国家主导编撰的历史文献。二十四史既是中华五千多年不断裂文明的历史文献，又是中华五千多年不断裂文明的科学佐证。

文字作为一种"形而上文化"，是看得见、摸得着的"文化"。就世界古代文明而言，绝大多数文明的形成与文字密不可分，两河流域的楔形文字、古埃及的象形文字、古印度的哈拉本文字等，产生了相应的两河流域文明、埃及文明、南亚次大陆文明。中华文明的文字，始于新石器时代晚期陶器之上的刻画"符号"，有的学者认为它们就是中华文化的早期"文字"，此后，进入青铜时代的甲骨文则是已经成熟的文字，再后就是周代青铜器的铭文，东周、秦汉及以后大量考古发现的"简牍""帛书""陶文""石刻文字"等，正如周有光所说："从甲骨文到小篆，汉字有明显的图形性。为了书写方便，文书人员（隶人）把图形性的线条改成'笔画'，就成了'隶书'。从篆书到隶书的变化叫做'隶变'。隶变使汉字的图形性完全消失。""隶书是汉朝的通用字体。隶书写得平整就成'楷书'。楷书盛行于东汉，一直到今天，是正式的字体。"[1] 这就是中华五千多年不断裂文明中的文字发展史。中华文明的文字发明、使用历史的一脉相承，在世界文明发展史上是独具特色的。

文字是人类文化的精髓，汉字是汉文化与以汉族为主体的中华民族的载体。我们说中国有着几千年绵延不断的古代文明历史，汉字是其十分重要的因素。中国古代文字从甲骨文到金文，从象形文字到大篆、再到小篆，秦始皇的"书同文"就是推行小篆。汉代改小篆为隶书，隶书从

---

[1] 周有光：《世界文字发展史》，上海教育出版社2018年版，第74页。

实质上说"即现在所谓的楷书"[1]。现代意义上的汉字形成于汉代，出土的汉代简牍、帛书、青铜器铭刻、石刻、砖铭、陶文、骨签等，均说明汉代文字已经基本具有现代汉字的主要因素，现在我们把以汉族为主体的中华民族文字称为"汉字"，很重要的一个原因是这种文字基本形成于汉代，另一个原因是主要为以汉族为主体的中华民族所使用。

世界上其他文明也发展出了文字，有的甚至比中华文明更早，也表现出一定的文明思想理念，但是它们先后断裂了。虽然我们今天从博物馆和遗址中能够欣赏到这些古老文字的残片遗迹，但它们都是已经死去了的文字。中国古代文字经秦朝统一而使中华民族的大一统生生不息。

---

1 唐兰：《中国文字学》，上海古籍出版社1979年版，第87页。

第六章 中华五千多年不断裂文明传承中的发展脉络与历史逻辑

就中华文化来说,"文明社会"形成的物化载体集中体现在与"国家文化"密切相关的都城、陵墓、文字、礼器之上,它们是中华五千多年不断裂文明的最重要的物化载体。

一、古代都城规制理念一脉相承

恩格斯在《家庭、私有制和国家的起源》中指出:"在新的设防城市的周围屹立着高峻的墙壁并非无故:它们的堑壕成了氏族制度的墓穴,而它们的城楼已经高耸入文明时代了。"这个比喻形象地说明,城市(都城)的出现意味着国家的出现与原始社会被送进"历史博物馆"。王国维认为"都邑者,政治与文化之标征"。

自中华文明形成以来,具有同一规制理念的都城(都邑)延续不断,并使这一规制理念不断发展。从新中国成立 70 多年来的考古发现与研究来看,夏商周三代都城,至秦汉、魏晋南北朝、隋唐宋辽金元明清都城,其选址、布局形制等规制理念一脉相承，并被视为国家统治者政治"合法性"的"指示物"与中华文明核心政治理念"中和"的物化载体。这在古代世界历史上是极为罕见的，它凸显了中华五千多年不断裂文明的特点。

（一）古代都城选址理念

古代都城"选址"理念之五千多年来的"不断裂"，从都城遗址的考古发现与出土文献记载得到佐证。

1.陶寺城址考古发现

陶寺城址位于山西襄汾。考古学界一般认为这是中国古代都城遗址中，目前考古发现的时代最早、"内容最全"的都邑城址。而历史文献记载的"尧都平阳"之"平阳"就在陶寺城址的所在地襄汾。因此，考古发掘者与历史学家认为陶寺城址应为"尧都"。[1]其中，20世纪80年代与21世纪初在陶寺遗址考古发现的两座墓葬出土了与"测中"有关的"贽表"等遗物[2]，它们可能折射了陶寺城址当年选址的"求中"理念。

---

[1] 参见何驽：《尧都何在？——陶寺城址发现的考古指证》，《史志学刊》2015年第2期；王震中：《中国文明起源的比较研究（增订本）》，中国社会科学出版社2013年版，第308—322页。
[2] 参见中国社会科学院考古研究所山西队、山西省考古研究所、临汾市文物局：《陶寺城址发现陶寺文化中期墓葬》，《考古》2003年第9期。

2. 虞舜"求中"于"历山"

战国时代的清华简《保训》篇记载，虞舜"求中"于"鬲茅"，"鬲茅"即古文献之"历山"，在今河南濮阳与山东菏泽一带。近年来，这一区域发现大量与虞舜同时期的聚落遗址和一些重要城址。这与《保训》篇记载的舜"求中"可以对应。

3. 上甲微为大禹选址于"嵩山"建都

清华简《保训》篇记载，上甲微为夏禹"求中"于"河"，即嵩山附近之河洛。目前考古发现的夏代都邑河南登封王城岗城址、新密新砦城址、二里头遗址及商代早期都城郑州商城、偃师商城遗址所在地均在"大嵩山"地区。

周武王灭商，建立周王朝，其都城选址明确提出要在国家的中心。《史记·周本纪》记载："成王在丰，使召公复营洛邑，如武王之意。周公复卜申视，卒营筑，居九鼎焉。曰：'此天下之中，四方入贡道里均。'"[1] 1963年陕西宝鸡出土的西周初年青铜器何尊之铭文"宅兹中或"[2]之"中"即"天地之中"的"中"，"或"即"国"，《周礼·考工记》记载"国中九经九纬"之"国"即"都城"。

---

1 《史记》卷四《周本纪》，中华书局1959年版，第133页。
2 参见马承源：《何尊铭文初释》，《文物》1976年第1期。

《诗经·大雅·民劳》曰:"惠此中国,以绥四方。"《毛传》曰:"中国,京师也;四方,诸夏也。"[1]《史记·五帝本纪》曰:"夫而后之中国,践天子位焉。"《史记集解》刘熙曰:"帝王所都为中,故曰中国。"[2]

因此可以说,从文献记载与考古发现两方面来看,中华文明形成伊始的国家都城就规划在国家空间的"中央"。《吕氏春秋·慎势》指出:"古之王者,择天下之中而立国。"《荀子·大略》亦云:"欲近四旁,莫如中央,故王者必居天下之中。"

三代都城以中岳嵩山地区为"天地之中",随着国家空间范围扩大,以嵩山为中心的"大中原"范围扩及鲁西南、关中东部、晋南及河南大部,三代以降的都城,在中古时代以前的各"大一统"王朝都城基本在长安与开封之间的东西轴线上,夏商周、秦汉、魏晋、唐宋王朝都城均"择中建都"于这一"广义"之"天地之中"。进入中古时代以后的辽金元明清王朝,由于国家经济中心的"东移",政治上北方族群的崛起,隋唐大运河的开通,国家都城由中古之前选址的长安——开封的东西南北之"中",发展为辽金元明清都城的居国家南北之"中",

---

[1]《毛诗正义》卷十七,阮元校刻:《十三经注疏》上册,中华书局1980年版,第548页。
[2]《史记》卷一《五帝本纪》,中华书局1959年版,第30、31页。

考虑女真、蒙古等北方族群多起家于大兴安岭、蒙古高原一带，于是始都北京的海陵王认为燕京乃"天地之中"[1]，这反映了海陵王的"正统"之"择中建都"原则。[2] 都城"择中"从"中原"转移至"燕京"（今北京），海陵王从"择中建都"理念、实践上营建的金中都，开启了中国中古时代后期元明清王朝定都北京的先河。

（二）古代都城形制的发展变化

目前考古发现的中国古代都城遗址，可以上溯至距今4000多年前的陶寺城址，其都城由宫城与外郭城组成，这种"双城制"都城延续至魏晋洛阳城。南北朝时期发展为宫城、皇城与外郭城的"三城制"都城，此后这一都城形制一直沿袭到明清北京城。

中国古代都城之宫城平面多为正方形或近方形，如二里头遗址、偃师商城、魏安邑城、汉长安城、东汉洛阳城、隋唐两京、宋东京城之宫城等。也有的宫城平面为长方形，如魏晋与北魏洛阳城、元大都与明清北京城之宫城等，但其皇城一般多为方形。有的都城的平面也是方形或

---

1 《元一统志》记载："天德元年，海陵意欲徙都于燕。上书者咸言上京临潢府僻在一隅，官艰于转漕，民难于赴愬，不如都燕，以应天地之中。"
2 宋德金：《金中都的历史地位》，《光明日报》2003年11月11日。

近方形,如洹北商城、东周鲁国故城(鲁国曲阜城)、汉长安城、隋唐长安城、宋东京城、金中都、元大都等。都城由于面积大,其地形相应比较复杂,有的都城只能是将都城平面规制成近似方形。就世界古代城市而言,古代城市的方形或近方形平面是中国古代城市形制的重要特色之一,它是基于"天圆地方"哲学观与"中"相对"四方"均等的政治理念。[1]

古代都城之中的主体建筑是宫城、宫殿、宗庙、官署等,宫城是都城的"政治中枢",都城以宫城为核心。王国时代宫城以大朝正殿与宗庙为核心,帝国时代宫城以大朝正殿为核心,大朝正殿成为都城"中轴线"的"基点"。以大朝正殿为中心的"左祖右社"是"帝国时代"中国古代都城最大特点。[2]

都城与其他城市的不同,还表现在帝国时代的都城城门"一门三道",都城及宫城四面辟门。根据目前考古发现资料来看,北魏洛阳城及其以后的都城之宫城正门均为"一门三道"。这是都城作为国家政治中心的政治理念进一步强化的表现。都城城门与宫城宫门是"国家"的"门

---

[1] 刘庆柱:《中国古代都城考古学研究的几个问题》,《考古》2000年第7期。
[2] 刘庆柱:《中国古代宫城考古学研究的几个问题》,《文物》1998年第3期;刘庆柱:《关于中国古代宫殿遗址考古的思考》,《考古与文物》1999年第6期。

面"与"象征","一门三道"之"中道"突出了"国家"之"中心"理念。都城与宫城四面设置城门与宫门形成"四门"则体现了"中央"相对"四方"的"公允""公平""公正",也是中国古代政治文化的"中和"政治理念的体现,是中华五千多年不断裂文明始终如一的"大一统"核心政治观的物化载体。

二、帝王陵墓形制发展变化

在中国古代历史上,帝王陵墓历来是"国家工程",几乎与都城构建一样重要,"帝王陵墓文化"亦为古代王朝的"国家文化"。任何王朝的统治者,不论其是中华民族哪个族群,是否传承这一"国家文化",就意味着是否对中华民族的"国家认同"。通过古代帝王陵墓规制研究,可以从一个侧面再现中华五千多年不断裂文明。

目前中国考古发现最早的帝王陵墓是安阳西北的殷墟商王陵,其墓室平面为"亞"字形,也就是墓室四面各辟一墓道，形成墓室的四面各一门道，[1] 这一帝王陵墓制度一直延续至西汉帝陵。[2] 就目前考古发现而言，殷墟商王陵的墓室四面各辟一墓道，实际上是秦汉时代开启的都城、宫城四面辟门规制之源头。

东周时期"墓而不坟"传统被冲破，墓室之上出现了"封土"（即"坟"），与此同时，帝王陵封土周围构筑了陵园，陵园四面各辟一门，它们分别对应其陵墓的"四墓道"及陵墓地宫，这应该是宫城辟四门与大朝正殿基本相对的"阳间世界"的"阴间"之"翻版"。[3]

东汉帝陵为帝后同坟同穴合葬，墓葬为南北向长斜坡墓道的"甲"字形明券墓，墓道一条为南向。这一变化改变了自商代晚期以来帝王陵墓设置东、西、南、北四条墓道的传统，但是帝陵规制仍然是延续未变，这主要反映在陵园仍然是设置东西南北"四门"，对"活人"而言陵园置"四门"比"亞"字形陵墓的"四墓道"更使人们直观意识到陵园辟四门是宫城开四门的再现，这一规制与中国

---

1 参见中国社会科学院考古研究所编著：《殷墟的发现与研究》，科学出版社1994年版，第100—112页。
2 参见刘庆柱、李毓芳：《西汉十一陵》，陕西人民出版社1987年版，第162—164页。
3 参见刘庆柱、李毓芳：《关于西汉帝陵形制诸问题探讨》，《考古与文物》1985年第5期。

古代社会帝王陵园四门规制相始终。[1]

在中华五千多年文明发展史中，汉唐之间的南北朝时期是中国古代历史上第一次大规模多民族融合时期，也是中华五千多年不断裂文明的大发展时期，其中尤其以北方地区最为突出。如北魏、东魏、北齐、北周等王朝的统治者，他们均为北方少数族群，但是作为其陵墓，理应是一个国家、族群最稳定、最"保守"的"文化"，从已经开展田野考古工作较多的洛阳北魏孝文帝长陵、宣武帝景陵、洛阳北邙北魏鲜卑贵族墓、山西大同的北魏云中金陵、平城永固陵与万年堂、[2] 河北磁县的东魏与北齐帝陵、[3] 陕西咸阳北周武帝陵墓等，[4] 可以看出其帝王陵墓文化与该地区的传统"帝王陵墓文化"基本一致，而与他们原来的族群所在地墓葬文化差异甚大。这也反映了他们的"华化"进程与深度。

唐代帝陵在秦汉、魏晋南北朝帝陵基础之上，陵墓的

---

[1] 参见中国社会科学院考古研究所编著：《中国考古学·秦汉卷》，中国社会科学出版社2010年版，第338页。

[2] 参见大同市博物馆、山西省文物工作委员会：《大同方山北魏永固陵》，《文物》1978年第7期；张庆捷：《北魏永固陵的调查与探讨》，洛阳市第二文物工作队编：《洛阳汉魏陵墓研究论文集》，文物出版社2009年版，第122—133页。

[3] 参见中国社会科学院考古研究所、河北省文物研究所邺城考古工作队：《河北磁县湾漳北朝墓》，《考古》1990年第7期。

[4] 参见陕西省考古研究所、咸阳市考古研究所：《北周武帝孝陵发掘简报》，《考古与文物》1997年第2期。

乾陵

地面设施更为完备,陵园与陵区更进一步仿效都城及宫城,其中以唐高宗与武则天的乾陵最为典型。[1]

北宋帝陵继承了汉唐帝陵的特点[2],直接影响到中古时代后期的辽金元明清帝陵。

辽代帝陵主要分布在辽上京附近的内蒙古巴林左旗,地宫设南北排列的前、中、后三室,前、中室东西两侧各有附室。辽陵"依山为陵""凿山为藏",陵前设置石像生,这些与唐陵基本相同。陵墓附近有祭祀性建筑,沿袭

---

1 参见刘庆柱、李毓芳:《陕西唐陵调查报告》,《考古学集刊》第五集,中国社会科学出版社1987年版。
2 参见郭湖生、戚德耀、李容淦:《河南巩县宋陵调查》,《考古》1964年第11期。

了秦汉帝陵传统。辽陵总体上继承了汉唐陵寝制度特点。[1]

西夏帝陵布局结构大体相近，帝陵方向均为坐北朝南。帝陵"陵园"由内城与外城组成，内城平面为方形或长方形，四隅各置一座角楼，四面中央各辟一门。陵台在内城西北部，献殿在内城南门内偏西处。内城南部为月城，其中列置石像生。在内城和月城之外再筑一重城垣，形成外城，外城南部有高大双阙。刘毅认为："从已知考古资料来看，西夏王陵制度明显受到唐、宋皇陵制度的影响。"[2]

金陵位于北京市房山区周口店镇龙门口村北，主陵区坐落于九龙山。主陵区平面布局采用中国传统的建筑模式，由南向北依次为：陵区入口的石桥、神道、石踏道、东西台址、东西大殿、陵墙及地下陵寝等。[3]

金代皇室为女真人，历史文献记载，女真人原来葬俗简单，"死者埋之而无棺椁，贵者生焚所宠奴婢、所乘鞍马以殉之"[4]。金代皇陵制度确立，始于海陵王。这与海陵

---

1 参见中国社会科学院考古研究所内蒙古第二工作队、内蒙古文物考古研究所:《内蒙古巴林左旗辽代祖陵陵园遗址》,《考古》2009年第7期。
2 刘毅:《中国古代物质文化史·陵墓》,开明出版社2016年版,第243—255页。
3 参见北京市文物研究所金陵考古工作队:《北京房山区金陵遗址的调查与发掘》,《考古》2004年第2期。
4 宇文懋昭撰,崔文印校证:《大金国志校证》之"附录三",中华书局1986年版,第613页。

王徙都燕京，营建金中都是一致的，应该属于海陵王"慕华风"的产物。相对辽代被宋金联合所灭而言，金王朝灭亡北宋王朝，统治了"大半个中国"，这与海陵王的"慕华风"的政治态度是密不可分的。

关于元代帝陵的考古学研究，至今还有许多问题说法不一。但是元代帝陵与唐宋、西夏辽金帝陵完全不同，这是基于元代统治者考虑到社会矛盾会影响到陵墓安全而采取的不同埋葬方式。但是，从北京地区考古发现的元代高等级蒙古族贵族墓葬来看，他们还是基本传承了中原地区的"葬俗"与"葬仪"。也就是说，元代统治集团在墓葬文化上被"华化"。如北京海淀区颐和园附近考古发掘的元朝"光禄大夫监修国史中书左丞相耶律铸"墓、[1] 北京市东城区龙潭湖元朝勋贵铁可墓及其父斡脱赤墓等。[2] 上述北京地区发现的元朝高等级权贵墓葬，其基本考古学文化与内地宋金时期的墓葬文化是一致的。

明代帝王陵墓主要包括江苏盱眙明祖陵、安徽凤阳明皇陵、南京明孝陵与北京明十三陵。明太祖十分重视"国家文化"或"社会大传统"的传承，其中对于国家的祭

---

[1] 参见宋大川主编：《北京考古发现与研究（1949—2009）》（下），科学出版社2009年版，第369—370页。
[2] 参见北京市文物研究所：《元铁可父子墓和张弘纲墓》，《考古学报》1986年第1期。

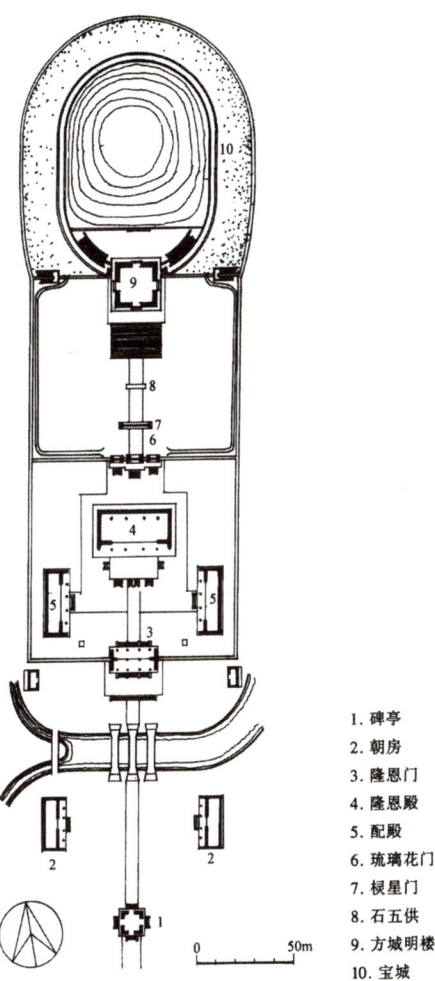

1. 碑亭
2. 朝房
3. 隆恩门
4. 隆恩殿
5. 配殿
6. 琉璃花门
7. 棂星门
8. 石五供
9. 方城明楼
10. 宝城

河北遵化清东陵景陵（康熙）平面图

祀、舆服、职官等要求"悉从唐制"。明代帝王陵墓在中国古代帝王陵墓发展史上，与以前相比较，其在陵区布局中更为突出不同地方都城的创始帝王之帝陵的中心地位，这是"国家至上"意识的反映。如明成祖迁都北京，因此北京明十三陵以明成祖长陵为"核心"，"从各陵排列与分布来看，明代初年的成祖长陵、仁宗献陵、宣宗景陵和英宗裕陵的位置排列，遵照了古代的昭穆制度"[1]。而"昭穆制度"是中国古代社会"家国"礼制的核心。这一陵区规制为清东陵与清西陵所承袭。

女真人建立清王朝之前，其葬俗上至达官显贵下至一般百姓流行火葬。[2] 在盛京三陵与清东陵、清西陵我们看到的帝王陵寝制度则完全不同，追溯其源，我们可以看到清代帝陵形制可上溯至唐、宋、明之帝王陵寝制度。

中国历史上的不同王朝统治者有中原地区的，也有来自周边地区族群的，因此说这些帝王陵墓的主人出生于不同地区、不同时代、不同族群，有着各自不同的葬俗，但是他们作为中华民族不同王朝的"国家最高统治者"，传承着属于"国家文化"性质的共同的"帝王陵墓文化"，

---

[1] 刘庆柱、李毓芳：《陵寝史话》，社会科学文献出版社2011年版，第164页。

[2] 参见尹德文：《清太宗皇太极火葬考略》，《故宫博物院院刊》1985年第1期。

这些"帝王陵墓文化"成为中华五千多年不断裂文明的物化载体。

三、礼制建筑与礼器发展变化

《左传·文公二年》载："祀，国之大事也。""祀"即"祭祀"，"祭祀"属于礼制活动，这是中国古代国家的重要职能，"礼制"是中华文明的标识与中华五千多年不断裂文明的核心文化基因之一。作为"祭祀"的"礼制"，其物化载体主要是礼制建筑与礼器。

（一）礼制建筑的发展与延续

礼制建筑是基于中华文明的"祖先崇拜"及"天地人"的朴素唯物主义哲学观（即"人"的存在是基于"天"与"地"）而设计的。

从考古学研究而言，国家礼制活动的"平台"一般是礼制建筑，它们主要是宗庙、社稷、明堂、辟雍、灵台、圜丘（天坛）、地坛等，其中宗庙、圜丘遗址等考古工作开展较多，文献亦多有记载。

宗庙在中华文明中占有十分重要的地位。考古发现早期宗庙与宫殿一般均在宫城之中,形成"宫庙"结合格局,这也为中华五千多年不断裂文明的"家国"体系奠定了深刻的思想基础,它们突出的是"祖宗崇拜"与"国家至上"理念。考古发现的夏代二里头宫城遗址、偃师商城宫城之中的宗庙与宫殿东西并列,形成"东庙西宫"格局;降及东周秦雍城中部考古发现的马家庄的宗庙与宫殿遗址亦东西并列。秦汉时代宗庙移出宫城,汉长安城遗址考古发现了最早的都城"大朝正殿"居中与其南部"左祖右社"的礼制建筑布局,这一布局规制一直与中国古代社会都城礼制建筑规制相始终,其中虽然有北魏洛阳城、金中都、元大都、清北京城等少数族群建立的王朝,但是其都城之中的"左祖右社"礼制被历代王朝所沿袭。

"天地"在中国历史文化中,有着特殊的意义。中国古代从帝王到百姓均把"天地"视同"父母",这应该是古人最朴素的唯物主义思想。对"天地"的祭祀成为上至"国王""皇帝"下至庶民百姓的重要精神信仰。尤其是历代王朝不同族属的统治者均以国家的名义,在都城构建祭祀"天地"的"平台"——天坛(圜丘、南郊坛)与地坛(北郊坛),使之成为古代中国"天地观"的物化载体。

考古发现的"祭天"遗址以战国时代到西汉时代的凤翔雍城"血池"祭天遗址最早。唐长安城圜丘遗址考古发现显示,它与清代北京城的"祭天"礼制建筑"天坛"一脉相承。至于历史文献记载的几千年来古代礼制建筑，内容丰富，十分清楚地向人们展示，"礼制文明"在中华五千多年文明发展史上始终没有"断裂"。

（二）礼器的发展与延续

中国历史上的礼器很多，我认为青铜鼎和玉圭无疑是佐证中华五千多年不断裂文明的最为重要的礼器之代表。

1. 鼎：生命力最强的礼器

鼎的考古发现可以追溯至 8000 多年前的新石器时代中期裴李岗文化。[1] 鼎作为礼器有着久远历史，《史记·封禅书》记载："黄帝作宝鼎三，象天、地、人。"[2]《左传·宣公三年》亦载："昔夏之方有德也，远方图物，贡金九牧，铸鼎象物……用能协于上下，以承天休。桀有昏德，鼎迁于商，载祀六百。商纣暴虐，鼎迁于周。"因此鼎在先秦时代是重要的礼器，它成为那个时代政治地位的象征。《春秋公羊传》桓公二年何休注："礼祭，天子九鼎，诸侯七，卿大夫五，元士三也。"[3] 鼎的政治色彩一目了然。《左传·宣公三年》记载，"成王定鼎于郏

---

1 参见中国社会科学院考古研究所河南一队：《1979年裴李岗遗址发掘报告》，《考古学报》1984年第1期。
2 《史记》卷二十八《封禅书》，中华书局1959年版，第1392页。
3 《春秋公羊传注疏》卷四，阮元校刻：《十三经注疏》下册，中华书局1980年版，第2214页。

郟"，注："郟鄏，今河南也，武王迁之，成王定之。"[1]《史记·张仪列传》载："周自知不能救，九鼎宝器必出。据九鼎，案图籍，挟天子以令于天下，天下莫敢不听，此王业也。"[2] 有的学者认为，随着青铜时代的结束、铁器时代的到来，鼎失去了过去的"辉煌"。其实这是一种误解，秦汉王朝开启的帝国时代，使先秦时代的许许多多礼器已不再辉煌如旧，而唯独鼎在传统青铜礼器中的地位进一步"凸起"，成为国家"最重"之"重器"。鼎被认为是国家"大吉大利"之象征，秦始皇"过彭城，斋戒祷祠，欲出周鼎泗水。使千人没水求之，弗得"[3]。历史文献记载，武帝公元前116年"得鼎汾水上"，于是改纪元"元鼎"，为此于同年"夏五月，赦天下，大酺五日"。[4]

  鼎在中古时代以后经过"华丽转身"，以"香炉"形象作为祭祀祖先的重要礼器而继续保持着它的高贵身份。香炉作为"供具"放在"供桌"的"中部"，它与被祭祀的主要对象"相对"。明代北京十三陵的各帝陵宝城（帝陵封土）前部有"明楼"，"明楼"之前中间位置设置了"石五供"（石供桌），"五供"为香炉一件、烛台与花瓶

---

1 《春秋左传正义》卷二十一，阮元校刻：《十三经注疏》下册，中华书局1980年版，第1868页。
2 《史记》卷七十《张仪列传》，中华书局1959年版，第2282页。
3 《史记》卷六《秦始皇本纪》，中华书局1959年版，第248页。
4 《汉书》卷六《武帝纪》，中华书局1962年版，第181页。

各两件，香炉安放在烛台与花瓶之间，处于"居中"位置，香炉的空间位置重要性一目了然！由鼎发展而来的香炉使人们感到它在中国人心中的特殊地位。

鼎在中国的语言、文字中留下唯其独尊的至高形象，如千百年来中国人家喻户晓的"问鼎天下""定鼎中原""一言九鼎"等，这里的鼎成为国家的象征，同时也说明鼎与中华五千多年不断裂文明一直在中华民族历史发展的长河中"形影不离""结伴前行"。

鼎在中国人的心目中是十分神圣的。鼎是中华民族精神文化的象征，是国民对中国悠久历史文化认同的物化载体。至今中国在国际交往与国家重大政治活动中，依然把鼎作为国家文化的象征。1995年10月21日，为庆祝联合国50华诞，中华人民共和国向联合国赠送一尊巨大的青铜"世纪宝鼎"。2001年为庆祝西藏和平解放50周年，中央人民政府向西藏自治区赠送一尊"民族团结宝鼎"，矗立于西藏人民会堂前的广场上，象征民族团结和西藏各项事业鼎盛发展，这些举措都寓意深远。[1]

2. 玉圭

考古发现与历史文献记载均说明，作为礼器的玉器在

---

[1] 参见蔡全法：《从黄帝铸鼎看我国古代鼎的起源与发展》，张新斌、刘五一主编：《黄帝与中华姓氏》，河南人民出版社2013年版，第95—109页。

新石器时代与夏商周时代备受重视，而在玉礼器中，又以玉圭作为中华五千多年不断裂文明的物化载体最为突出，生命力最强。

历史文献记载"五帝时代"的唐尧因夏禹治水之功，而赐其"玄圭"，[1]这奠定了夏禹创建"夏王朝"的政治基础。有学者认为夏代的"政治信物"——"玉璋"实际上就是"玄圭"，《说文解字》卷二玉部载："剡上为圭，半圭为璋。"《礼记·礼器》记载："圭璋特。"孔颖达疏："圭璋，玉中之贵也，特谓不用他物媲之也，诸侯朝王以圭，朝后执璋，表德特达，不加物也。"[2]

与二里头遗址出土玉璋、石璋相同或相近的遗物在南自广东、福建，北到长城地带，西起黄河上游与长江流域上游的四川盆地，东达东部沿海广阔区域多有发现。上述地区发现的夏王朝前后的玉圭、石圭可能有相当多的是从二里头遗址扩散出去的，或受到二里头遗址的圭、璋之影响，这些圭、璋作为"政治信物"的扩散与接受，应该是对夏王朝的"政治认同"与"文化认同"，这与夏禹接受虞舜赐予"玉圭"似有相近政治意义。

玉圭作为"文明社会"的政治"身份"标识，备受统

1　参见《史记》卷二《夏本纪》，中华书局1959年版，第77页。
2　《礼记正义》卷二十三，阮元校刻：《十三经注疏》下册，中华书局1980年版，第1433页。

治者及社会上层的重视。夏商周时代，朝廷已经把各种形制大小与纹饰不同的玉圭颁发给不同的官员，作为其爵位与身份的徽标。

秦汉王朝结束了两千多年的王国时代，开创了中国历史上的帝国时代，玉圭在诸多玉礼器中得到更为突出的重视。如1975年在山东烟台芝罘岛阳主庙遗址考古发现两组秦代玉器，每组均为圭一件、璧一件、觽两件[1]，这批成组的玉器可能是秦始皇登芝罘岛祭祀"阳主"时所瘗埋的。[2]

历史文献记载，汉代天子祀上帝、本朝帝王、宗庙、大河、天地皆用圭，[3]这方面的考古发现颇多，如陕西凤翔的秦汉血池遗址考古发现的皇帝祭天的祭祀坑中的"玉圭"（玉璋）。[4]汉太上皇陵建筑遗址与太上皇陵之间，"曾出土过为数不少的墨绿色玉圭，推测这些是当时的祭祀用

---

[1] 参见烟台市博物馆：《烟台市芝罘岛发现一批文物》，《文物》1976年第8期。
[2] 参见《史记》卷二十八《封禅书》记载：秦始皇曾东游海上，"行礼祠名山大川及八神，求仙人羡门之属"。"八神"中"五曰阳主，祠之罘"，"皆各用一牢具祠，而巫祝所损益，珪币杂异焉"。
[3] 参见《史记》卷十《孝文本纪》载："朕获执牺牲珪币以事上帝宗庙"。《史记》卷二十八《封禅书》载：祭祀"河（黄河）、湫（湫泉）、汉水加玉各二；及诸祠，各增广坛场，珪币俎豆以差加之。"《后汉书》卷二《显宗孝明帝纪》载："朕以暗陋，奉承大业，亲执珪璧，恭祀天地。"
[4] 参见国家文物局主编：《2016中国重要考古发现》，文物出版社2017年版，第88页。

品"[1]。在汉景帝阳陵的二号建筑遗址（陵庙遗址），出土了成组的玉圭与玉璧礼器。[2] 1962年考古工作者在陕西兴平县（现兴平市）汉武帝茂陵调查时，在茂陵"白鹤馆"遗址南曾出土过大批的玉圭。[3] 在昭帝平陵与孝昭上官皇后陵之间"分别发现了东西向排列的成组玉器，每组间距约2米。每组玉器均由玉璧和玉圭组合而成"。在汉成帝延陵"陵园南门附近曾出土过排列整齐的玉圭"。[4]

综上所述，"中华文明五千多年不断裂"的主要成因是五千多年来华夏族群对中华文明的认同，并在其历史发展进程中这种认同逐渐形成了中华"核心文化基因"。"中国的核心基因是'中'，'中'是东南西北的汇聚，'中'就是根。中国是从'中'来的，建国要立'中'，建都要立'中'……最后国家也叫'中'，这时中国的国家是指天下，要东西南北中，因此皇宫要建在都城正中间，皇宫里象征国家的大朝正殿要建在宫里的正中间。"[5] 这一都城

---

1 刘庆柱、李毓芳：《西汉十一陵》，陕西人民出版社1987年版，第128页。
2 参见汉阳陵考古陈列馆编：《汉阳陵考古陈列馆》，文物出版社2004年版，第130页。
3 参见陕西省文物管理委员会：《陕西兴平县茂陵勘查》，《考古》1964年第2期。
4 刘庆柱、李毓芳：《西汉十一陵》，陕西人民出版社1987年版，第72、115页。
5 刘庆柱：《国祭也是祭国》，《光明日报》2015年9月7日。

规制原则从夏商周至唐宋元明清王朝历代都城延续不变，在其几千年的不断发展中越来越强化。

与"中"对应的是"和"，"择中建都"对国家东西南北而言就是"和"；"和"在都城的体现是都城四面辟门代表国家"四方"与国家缩影都城之"和"；宫城四面辟门代表国家东西南北与宫城作为国家政治中枢之"和"。

"中"与"和"是辩证统一关系。从文化上来说，"多元一体"的"一体"为"中"，"多元"是"和"，"一体"是核心。就政治文化而言，"一体"是"国家认同""中华民族认同""中国历史文化认同"。

"中和"之"中"的政治上"大一统"与"和"之"有容乃大"成为中华五千多年不断裂文明的又一核心文化基因，从百姓的"家和万事兴"到国家的民族"和亲政策"，不同"汉传宗教建筑"及"儒道释三教合一"所体现出中华文明的"和为贵"，以及中国历史优秀文化传统的"有容乃大"之"中和"理念所铸造的"多元一体"中华五千多年不断裂文明，对中国历史文化产生深刻影响。

"中"是"国家认同"的思想基础，"国家认同"是对国家公民、社会群体（包括不同民族、不同宗教）的基本要求，在世界各国的历史与现实中都是一样的。作为有着五千多年不断裂文明的古国，在"国家认同"方面中国有着更为悠久的优秀历史文化传统，这一传统在中华五千多年不断裂文明中表现尤为突出。"国家认同"高于其他任何"认同",这一认同实质上是对国家的"政治认同"。

"中"是"国家文化基因",关于"中"的理念之出现,似乎早在新石器时代晚期仰韶文化中已经萌发,其中在河南濮阳考古发现6400年前的濮阳45号墓的蚌塑"北斗",其北斗勺柄即以人的胫骨象征测影之髀表即"槷表","'中'的本义乃取槷表不偏不倚的中正状态",因此冯时认为濮阳西水坡45号墓考古发现的"周髀"(槷表),说明那时濮阳西水坡先圣认为那里就是"天地之中"。[1] 这一"居中"观念的形成与新石器时代晚期中华大地中原仰韶文化居于"东西南北"史前文化之"中心"的分布格局是一致的。仰韶文化庙底沟时代出现的"执中"观念为其后的中原龙山文化("五帝时代")及"夏商周"、秦汉魏晋南北朝、隋唐宋辽金元与明清王朝所继承、发展,它们与"国家"政治文化息息相关,在中华五千多年国家历史发展中一直延续,成为中华文明的"国家文化基因",其物化载体表现形式如国家"择中建都"、都城"择中建宫(宫城)"、宫城"择中建殿(大朝正殿)";都城、宫城"辟四门";都城城门与宫城正门均为"一门三道"等。上述所有"形而下"的物化载体,

---

[1] 参见冯时:《〈保训〉故事与地中之变迁》,《考古学报》2015年第2期。

折射出的是"形而上"的中国人的"中"、"中和"核心理念与"家国一体"及"国家至上"思想。

在以上所述"中华文明五千多年不断裂"中,我们可以清楚地看到,其中的"中华文明五千多年"之"不断裂"的发展是"不变"的,"不变"的是其核心理念"中"与"中和";至于其形式则是随着时代发展而变化,但是这种"变化"是"万变不离其宗",这个"宗"就是"国家认同"的强化。比如,从王国时代都城的宫城之"宫庙"(宫殿与宗庙)居宫城之中的"二元政治"(血缘政治与地缘政治)之"中",到帝国时代都城之宫城大朝正殿居中的"一元政治为主"(地缘政治),再到帝国时代都城"左祖右社"与"中轴线"的全面形成,可以看到"不断裂文明"的"中"之理念(即"国家意识")随着历史发展而越来越强化。中国古代都城发展史揭示的都城城门从王国时代的"一门一道"到帝国时代的"一门三道",再到中古时代的"一门五道",无疑是"中"的理念越来越强化的反映。这是中华五千多年不断裂文明的"大一统"之"国家认同"的历史发展之必然,也是中华五千多年不断裂文明传承中的发展脉络与历史逻辑。

第七章 丝绸之路反映的有容乃大之下的中华文明

1877年，德国地理学家李希霍芬的《中国》一书出版。在该书中，他将公元前114年至公元127年间，连接中国与河中（阿姆河与锡尔河之间，又称"河间"）及印度的丝绸贸易路线，称为"Seiden Stra Ssen"，英文将其译成"Silk Road"，中文译为"丝绸之路"。这是第一次出现"丝绸之路"的命名。1910年，德国学者阿尔巴特·赫尔曼（A.Herrmann）在《中国和叙利亚间的古代丝绸之路》一书中又作了进一步阐述，并将丝绸之路延伸至叙利亚。现在，丝绸之路已成为古代中国、中亚、西亚之间，以及通过地中海（包括沿岸陆路）连接欧洲和北非的交通线的总称。由于中国与中亚、西亚等地的这条交通路线必须途经一段沙漠地带，所以人们又称其为"沙漠丝绸之路"（或称"绿洲丝绸之路"）。与这一名称相对，后来学术界又陆续提出"草原丝绸之路""海上丝绸之路"和"西南丝绸之路"等。那么，这些丝绸之路在历史上都起过什么作用，又是怎样被发现的呢？

一、对各条丝绸之路的基本认识

丝绸之路有多条,目前学术界认为主要有沙漠丝绸之路、草原丝绸之路、海上丝绸之路和西南(或称"南方")丝绸之路。出现多条不同的丝绸之路是因为它们的时空特点不相同,历史作用也不一样。

草原丝绸之路在中国境内东起大兴安岭,西至新疆,再向西是南西伯利亚、中亚的北部。它始于四五千年前,也许更早。这条路是因当时游牧民族的生产与生活活动而形成的。早期的草原丝绸之路实际上是一条文化交流之路,当然这种交流是游牧民族生计活动的"副产品"。秦汉时期以后,沙漠丝绸之路开通了,这条路就变成一条"辅路",所起的作用不像以前那么大了。

现在所说的丝绸之路一般是指沙漠丝绸之路。沙漠丝绸之路以张骞通西域为开端,笼统地说,西汉时代此路自陕西西安经甘肃、新疆,出境后经中亚、西亚至南欧意大利威尼斯,东西直线距离约7000千米,在中国境内长达约4000千米。

沙漠丝绸之路是西汉王朝官方开辟的一条"政治之路""外交之路"。就当时而言,"文化交流"和"商贸活动"是它的"副产品"。张骞出使西域的目的是要与西域（今新疆）36国及中亚各国建立友好关系，西域地区的酋长们也渴望摆脱匈奴的统治，加入到汉王朝统一的国家政体中。现在有一种看法，认为沙漠丝绸之路是因丝绸贸易而形成的，但是无论文献记载还是考古发现，都证明西汉王朝开辟丝绸之路的目的，不是为了贸易。那时，通过这条路线来中国内地从事包括丝绸贸易的是中亚商人。迄今为止，在中国境内出土的骆驼俑的牵驼俑均为"胡人"，还没有发现一例汉人牵驼俑，这说明当年丝绸之路上的商人是"单向"的。来往于丝绸之路经商的胡人主要是"粟特人"，洛阳出土的唐代胡商俑及西安、太原、宁夏固原等地考古发现的粟特人墓葬[1]，再现了这个经商民族的特征。粟特人是进入中华帝国最多的中亚人。[2]

西南丝绸之路又称"蜀身毒道"或"南方丝绸之路"。西南丝绸之路是从中国西南的四川成都、云南大理，经保山、腾冲、盈江到达缅甸境内的八莫，从八莫到印度，又从印度至中亚、欧洲。有学者提出，西南丝绸之路可以分

---

[1] 参见陕西省考古研究所编著：《西安北周安伽墓》，文物出版社2003年版；西安市文物保护考古所：《西安北周康业墓发掘简报》，《文物》2008年第6期；西安市文物保护考古研究院编著、杨军凯著：《北周史君墓》，文物出版社2014年版；山西省考古研究所编著：《太原隋虞弘墓》，文物出版社2005年版。
[2] 参见荣新江：《北周史君墓石椁所见之粟特商队》，《文物》2005年第3期。

为东路、中路与西路。东路是由成都、贵州西北、广西、广东至南海；中路是由成都、云南、步头道、桑道至越南；西路有身毒道和五尺道两条，二者均经云南、缅甸至印度。

西南丝绸之路是一条商贸之路，文化交流是其"副产品"。它的商贸活动主要在民间，比沙漠丝绸之路还要早。《汉书》记载，张骞出使西域时，在阿富汗就见到了来自中国四川的"竹杖"和"蜀布"，这些东西是从四川经云南、缅甸到印度，然后又北上转运到阿富汗的。[1] 有学者根据近年来四川三星堆遗址、金沙遗址出土的象牙等遗物可能来自印度，推测夏商时代中国西南地区已经与南亚次大陆有了来往与交流，也就是说，西南丝绸之路的产生可以上溯至夏商时代。

由于西南地区铜鼓多，有人又将西南丝绸之路称作"铜鼓之路"。中古时代以后，因这条道路多运送茶叶，也有"茶马古道"之称。

一般认为海上丝绸之路是从汉代开始的。《汉书·地理志》记载，南海航线最远可达印度南部东海岸之唐契普

---

[1] 参见《汉书》卷六十一《张骞传》。

拉姆（Conjevanam）。[1] 汉代中国境内的番禺、徐闻、合浦、交州等地是海上丝绸之路的早期港口，其中番禺尤为重要。后来考古发现证实，春秋战国时代，从东亚经过南亚至西亚的海上丝绸之路已经存在。海上丝绸之路主要是进行商贸活动，也有个别政府主导的"朝贡""外交"和"文化交流"。这条丝绸之路主要不是贩运丝绸，从发现的沉船之内的"货物"来看，中古以后主要是外销中国的陶瓷。先秦至隋代以前，中国多与西亚、中亚地区往来；南朝后期与波斯往来增多；唐宋元时期则以阿拉伯地区为多。中国唐宋元明时代的瓷器，在东南亚、中亚、南亚、西亚、北非等地多有发现，这应该是当年海上丝绸之路商贸活动的遗存。那时，陶瓷是海上丝绸之路贸易的主角，因此这条路又被称为"海上陶瓷之路"。

---

[1] 《汉书》卷二十八《地理志》载："自日南障塞、徐闻、合浦船行可五月，有都元国；又船行可四月，有邑卢没国；又船行可二十余日，有谌离国；步行可十余日，有夫甘都卢国。自夫甘都卢国船行可二月余，有黄支国……有译长，属黄门，与应募者俱入海市明珠、璧流离、奇石异物，赍黄金杂缯而往。所至国皆禀食为耦，蛮夷贾船，转送致之……自黄支船行可八月，到皮宗；船行可二月，到日南、象林界云。黄支之南，有已程不国，汉之译使自此还矣。"

二、丝绸之路的考古发现与研究

历史文献上没有丝绸之路的详细描述，确认主要依据考古发现，再结合文献记载。因此可以说，近代以来人们对丝绸之路的认知，源于近代考古学传入中国。

丝绸之路是"一条线"，这条线现在已经看不到了，那么怎么知道古代有这条线路呢？"线"是由千千万万个"点"组成的，考古学正是通过对丝绸之路上若干"点"的发现，连接了已经淹没于地下、水下的"路"。

（一）草原丝绸之路的考古发现与研究

在人类史前时代，东亚、地中海、中南美、南亚次大陆等地已经形成了不同的"文化"。近百年来的考古发现说明，上述不同"文化"发展出了东亚文明与地中海文明、中南美文明等，它们之间早在远古时期已经有一定的文化交流。我国考古发现的史前与先秦时代的农作物小麦、家畜的牛羊与马（这种马是古代印欧人首先在黑海—里海北岸培育成功的）、交通工具的马车、金属冶铸、金器、玻璃器（钙钠玻璃）等，可能受到地中海文明的影响。东亚的中心地区——黄河流域的古代文明也在史前时代已经西渐。公元前四千纪后半叶，仰韶中晚期文化进入河湟地区和岷江上游；公元前三千纪前半叶，传入黄河上游、川西北地区及河西走廊西部；公元前三千纪末，西进至新疆哈密，来自东方的蒙古人种与从新疆北部南下的原始高加索人种，在哈密发生碰撞并出现融合。西传过去的也包括农业。[1]

中国新石器时代晚期遗址出土的古玉，有些玉石的矿物成分与和田玉相似，这说明至少在新石器时代晚期，于阗（今和田）就可能与中原发生往来。先秦时代以于阗玉石制作的玉器在内地考古中发现很多。1974年，殷墟妇好墓发掘、出土了500多件玉器，经过鉴定其中有相当一部分是和田玉。[2] 也就是说，在3000年前和田玉料就到了东方。它传过来的线路是，从和田到吐鲁番，然后北上通过新疆北部，到了现在的甘肃、内蒙古，再南至宁夏，然后再向东，经山西、河北南部至安阳，然后再往东到了山

---

[1] 参见李水城：《东风西渐——中国西北史前文化之进程》，文物出版社2009年版；郭物：《新疆史前晚期社会的考古学研究》，上海古籍出版社2012年版。

[2] 参见中国社会科学院考古研究所编著：《殷墟妇好墓》，文物出版社1980年版；中国社会科学院考古研究所编著：《殷墟的发现与研究》，科学出版社1994年版，第324页；张培善：《安阳殷墟妇好墓中玉器宝石的鉴定》，《考古》1982年第2期。

东,这是和田玉在3000年前的传播路线。[1] 与此同时,具有先秦时代特点的内地文物,也在西域遗存中屡次被考古发现,如巴泽雷克墓地出土了中国秦代漆器残片、战国时代"四山纹"铜镜等[2]。考古资料还显示,从甘肃进入新疆东部的古代先民并未停止西进的脚步,他们以哈密绿洲为基地,沿天山余脉南北两路继续西行,一路向北进入巴里坤草原、准噶尔盆地南缘、乌鲁木齐;另一路向西进入吐(鲁番)鄯(善)托(克逊)盆地。

在沙漠丝绸之路开通以后,草原丝绸之路就居于次要地位了,但是在欧亚文化交流中仍然发挥作用。魏晋南北朝时期,鲜卑人以平城(今大同)为首都,建立了北魏王朝,并在平城开凿了中国第一个国家级的石窟寺——云冈石窟。后期的草原丝绸之路,一直通到山西、内蒙古、河北、北京、辽宁等地,近年在上述地区的贵族墓葬中陆续发现了不少西亚和中亚的金银器、铜器、玻璃器,波斯萨

---

1 参见林梅村:《丝绸之路考古十五讲》,北京大学出版社2006年版,第59页。
2 S.I.Rudenko, *Frozen Tombs of Siberia*, London;J.M. Dent and Sons Ltd,1970.

珊朝银币、拜占庭金币、伊斯兰玻璃器等文物。[1]

4—11世纪，草原丝绸之路成为东北亚的国际交通路线，对中国、朝鲜和日本与西方的文化交流有着极重要的作用。草原丝绸之路从中国往东发展，进入了朝鲜半岛，然后通过对马海峡到达日本九州，日本考古发现的大量中国文物其中不少就是通过草原丝绸之路传播过去的。

（二）沙漠丝绸之路的考古发现与研究

沙漠丝绸之路首先是一条政治之路、外交之路。鉴于西域36国与西汉王朝的友好关系与主动愿望，汉武帝派张骞出使西域。汉王朝先后在甘肃河西走廊设立酒泉郡、武威郡、敦煌郡、张掖郡四郡，而后在今新疆地区设置西域都护府，治乌垒城（今新疆轮台东）搞屯田，使西域成为汉王朝的一部分，西域各族成为中华民族的成员。通过

---

[1] 参见磁县文化馆：《河北磁县东魏茹茹公主墓发掘简报》，《文物》1984年第4期；石家庄地区革委会文化局文物发掘组：《河北赞皇东魏李希宗墓》，《考古》1977年第6期；河北省文化局文物工作队：《河北定县出土北魏石函》，《考古》1966年第5期；朝阳北塔考古勘察队：《辽宁朝阳北塔天宫地宫清理简报》，《文物》1992年第7期；黎瑶渤：《辽宁北票县西官营子北燕冯素弗墓》，《文物》1973年第3期；山西省文物管理委员会：《太原南郊金胜村唐墓》，《考古》1959年第9期；王克林：《北齐库狄迴洛墓》，《考古学报》1979年第3期；大同市博物馆、马玉基：《大同市小站村花圪塔台北魏墓清理简报》，《文物》1983年第8期；北京市文物工作队：《北京西郊西晋王浚妻华芳墓清理简报》，《文物》1965年第12期。

多年来在新疆地区开展的考古工作，发现了沙漠丝绸之路上的汉唐王朝军政、经济设施的遗存，主要有作为社会政治平台的"城址"，具有军事与经济双重功能的屯田，具有军政功能的烽燧、亭障等。这些是中央政府在西域行使国家主权行为的重要物化载体，反映了当时西域地区的"国家主导文化"。

"城址"是国家的政治平台。据文献记载，古代国家"筑城以卫君，造郭以守民"。中国古代史上的"城"是政治平台，都城是国家的缩影，皇宫是国家的政治中枢。不同形制的城址是不同政体的反映。以楼兰地区为例，楼兰早期的城就其平面而言有两种，一种是圆形的，一种是方形的。在汉代经营西域之前，西域的城市布局主要是受中亚影响，城的平面为圆形；张骞通西域后，楼兰城址发生变化，出现了内地特色的方城。方形城出土的遗物大多和内地基本一样，如文书和官印，它们是汉王朝在这一地区行使国家权力的物化载体。西域汉代城址是汉代中央政府管理西域的物化载体，目前考古已经发现的西域汉代城址有多座。其中以轮台和塔里木盆地南缘的罗布泊和若羌地区的汉代城址较多、较重要。

天山南麓的轮台地区最受瞩目的工作是寻找西汉在西

域的早期政治中心——西域都护府遗址[1]，一般认为今轮台县策大雅镇的乌垒城遗址即西汉时代的西域都护府遗址[2]。20世纪70年代以来，考古工作者在轮台地区还勘察了阿格拉克古城、奎玉克协海尔古城（柯尤克沁古城）、炮台古城、黑太沁古城、昭果特沁古城、卡克勃列克古城等城址，其中一些城址发现有汉代遗物。但是目前还不能确定汉代西域都护府遗址的具体位置。[3]

罗布泊和若羌地区是汉王朝在西域经营最多的地方，汉代的楼兰、鄯善古国都在这一地区。这里主要的汉代城址有罗布淖尔土垠遗址、LE古城、LA古城、LK古城、LL古城、"且尔乞都克古城"等。关于这些古城遗址与历史文献记载的汉代城址的关系，目前学术界还存在争议。有学者根据出土汉简等认为，古代楼兰道上的罗布淖尔土垠遗址，可能是西域都护府左部左曲候或后曲候的治

---

1 《汉书》卷九十六（上）《西域传》（上）：西汉神爵三年（前59年）"因使（郑）吉并护北道，故号曰都护。都护之起，自吉置矣。……匈奴益弱，不得近西域。于是徙屯田，田于北胥鞬，披莎车之地，屯田校尉始属都护。都护督察乌孙、康居诸外国动静，有变以闻。可安辑，安辑之；可击，击之。都护治乌垒城，去阳关二千七百三十八里，与渠犁田官相近，土地肥饶"。
2 参见黄文弼：《塔里木盆地考古记》，科学出版社1958年版，第9页。
3 参见中国社会科学院考古研究所编著：《中国考古学·秦汉卷》，中国社会科学出版社2010年版，第870页。

所[1]；LE古城早期是楼兰国都，后期是西域长史治所[2]；元凤四年（前77年），楼兰王从LE古城迁至若羌县城附近车尔臣流域的抒泥城，即"且尔乞都克古城"，作为鄯善国都城[3]；LA古城可能是西域长史治所或"楼兰之屯"的遗址[4]；LK古城可能是西汉伊循城故址；LL古城则可能是西汉伊循都尉府所在地[5]。焉耆县城西南12千米的博格达沁古城，平面大致呈长方形，周长3000多米，这是焉耆盆地最大的汉代城址。关于此城址，学术界看法不一，有焉耆国都城员渠城、尉犁国都、焉耆镇城等多种说法。[6]

北疆地区奇台县石城子有一座东汉时期的古城遗址，城址内出土过大量汉代文物。该城址有可能是曾设有汉朝官署的疏勒古城。[7] 北疆是游牧民族生活的地方，也是中原

1　参见孟凡人：《楼兰新史》，光明日报出版社1990年版，第60—83页。
2　参见林梅村：《楼兰国始都考》，《汉唐西域与中国文明》，文物出版社1998年版，第279—289页。
3　参见林梅村：《敦煌写本钢和泰藏卷所述帕德克城考》，《汉唐西域与中国文明》，文物出版社1998年版，第273—275页。
4　参见孟凡人：《楼兰新史》，光明日报出版社1990年版，第36—59页；林梅村：《丝绸之路散记》，人民美术出版社2004年版，第90页。
5　参见孟凡人：《楼兰新史》，光明日报出版社1990年版，第101—114页。
6　参见〔清〕徐松：《西域水道记》卷二，中华书局2005年版；韩翔：《焉耆国都、焉耆都督府治所与焉耆镇城——博格达沁古城调查》，《文物》1982年第4期；黄文弼：《塔里木盆地考古记》，科学出版社1958年版，第7页；孟凡人：《尉犁城、焉耆都城及焉耆镇城的方位》，《新疆考古与史地论集》，科学出版社2000年版。
7　参见薛宗正：《务涂谷、金蒲、疏勒考》，《新疆文物》1988年第2期。

王朝争夺控制北疆草原的前哨和基地。巴里坤发现的汉永和二年（137年）敦煌太守裴岑大败匈奴呼衍王纪功碑、汉永元五年（93年）任尚纪功碑等，反映了汉代中央政府对这里进行国家管控的历史。[1]

中古时代的北庭故城，亦称护堡子古城，在新疆昌吉回族自治州吉木萨尔县城北。古城规模宏大，略呈长方形，分内、外二城。在城西北隅出土了唐代铜质官印"蒲类州之印"，还有工艺水平很高的铜狮、石狮、葡萄纹铜镜龟、开元通宝、刻花石球、下水管道及陶器等。从北庭故城城址形制与其出土遗物来看，与内地文化的一致性是显而易见的。北庭故城遗址已被列为世界文化遗产（作为丝绸之路世界文化遗产组成部分）。

目前考古已经发现的西域唐代城址有多座，如库车市附近的唐代安西都护府治所（亦为古龟兹国的伊罗卢城）——皮朗古城亦称哈拉墩；高昌故城，汉称高昌壁。两汉魏晋时期，戊己校尉屯驻于此，此后曾为前凉高昌郡治、麹氏高昌王国国都、唐西州州治和回鹘高昌王都。全城分外城、内城和宫城三部分，布局略似唐长安城。其中的交河故城和高昌故城也已经成为世界文化遗产（作为丝绸之路世界文化遗产组成部分）。

---

1 参见戴良佐：《东疆古碑巡礼》，《新疆文物》1988年第4期。

屯田是中国古代王朝在边远地区实施的一种国家军政管理与生产组织形式。屯田始于西汉时代的西域，汉代在西域屯田的屯军具有双重身份。[1]在新疆地区发现的与屯田相关的遗物、遗迹很多，如民丰县尼雅遗址发现的"司禾府印"，说明东汉在尼雅一带屯田并设有专门管理屯田事务的机构。罗布淖尔北岸土垠遗址出土的汉文木简内容，大部分与屯田有关。罗布泊北的孔雀河北岸，发现的古代大堤用柳条覆土筑成，应为水利工程。楼兰城东郊考古发现有古代农田开垦的遗迹。米兰发现的大规模灌溉系统遗迹应该是汉代遗存。轮台县西南拉伊苏附近的轮台戍楼为唐代屯田遗址的一部分。

新疆东部至今保存的坎儿井是内地农业与农业技术同时进入东疆地区的物证。坎儿井实际上就是《史记》所载陕西渭北地区的"井渠"。《史记·河渠书》记载："岸善崩，乃凿井，深者四十余丈。往往为井，井下相通行水。……井渠之生自此始。"[2]"井渠"产生于西汉时代的关中地区，西传至新疆。

由敦煌至库尔勒沿线筑有汉代烽燧，这些烽燧是中央政府的国家工程。燧烽是丝绸之路的重要文化遗产，是中

1　参见《汉书》。
2　《史记》卷二十九《河渠书》，中华书局1959年版，第1412页。

国古代王朝开辟丝绸之路、保护丝绸之路的历史见证，是中国中央政府对西域实施军政管理的物化载体。借此可以说明，新疆早在2000年前已经是中国的一部分。南疆的克孜尔汉代烽燧遗址2014年被联合国教科文组织列为世界文化遗产（作为丝绸之路世界文化遗产组成部分），说明国际社会对2000年前形成的中国多民族统一国家的认同。与此相关的"河西走廊"上的汉代"玉门关遗址"、汉魏"悬泉置"遗址及汉唐"锁阳城"遗址，也都作为丝绸之路的组成部分而成为世界文化遗产。

西域考古发现的"汉文化"遗存非常多。文字是人类文化的"核心文化基因"。考古发现，汉字是汉代西域最早的文字之一，是西域2000年来一直使用的官方正式文字。20世纪70年代末罗布泊地区清理出土了汉文简牍文书63件；且末县扎滚鲁克墓地三期文化遗存（汉晋时期）的墓葬之中出土了汉文纸文书；尼雅遗址发现8件王室木札，以汉隶写成。新疆地区考古发现的汉字材料及其书写制度，深受中原影响。这套制度传入西域应与屯守边疆的戍卒有关。汉佉二体钱的不断发现更是西域使用汉文的重要证据。

新疆地区考古还发现很多例织锦上的汉字。如1995—1997年尼雅遗址墓地发现的汉晋时期织锦上有"延年益寿大宜子孙""长乐大明光""恩泽下岁大孰长葆二亲子孙息兄弟茂盛寿无极""安乐如意长寿无极""万世如意""世毋极锦""王侯合昏千秋万岁宜子孙""五星出东方利中国""大明光受右承福"等文字。又如罗布泊地区20世纪70年代末孤台墓地发现织锦残片上的文字"延年益寿大宜子孙""长乐明光""续世""广山""登高望""望四海贵富寿为国庆"等。这些有文字的丝绸是汉王朝"官式"文化在西域地区存在的反映。西域地方首领对汉王朝的服饰十分重视与羡慕[1]，丝绸是汉王朝馈赠他们的重要"礼品"。他们生前享用，死后随葬。这些馈赠丝绸一般都出自当地高等级墓葬中。

新疆发现的高等级墓葬的棺椁也反映出华夏传统文化的影响。1998年在若羌县楼兰古城以北出土的贵族墓葬的木棺，木棺头挡板的圆圈内绘着一只金乌，足挡板的圆圈内绘着一只蟾蜍，分别代表日、月。用金乌和蟾蜍象征日、月天象，是华夏文化的传统。中原帝王与贵族的墓葬中有很多这方面的内容，如濮阳西水坡新石器时代墓葬中的龙虎北斗图与龙虎鸟麟四象图[2]、湖北随县曾侯乙墓漆箱盖上的星象图[3]、秦始皇陵地宫"上具天文，下具地理"、

---

1 参见《汉书》卷九十六（下）《西域传》（下）：龟兹王"乐汉衣服制度，归其国，治宫室，作徼道周卫，出入传呼，撞钟鼓，如汉家仪"。
2 参见南海森主编：《濮阳西水坡》，中州古籍出版社、文物出版社2012年版。
3 参见湖北省博物馆编：《随县曾侯乙墓》，文物出版社1980年版。

西安交通大学西汉壁画墓天象图[1]、洛阳西汉卜千秋壁画墓[2]、洛阳浅井头西汉壁画墓[3]、洛阳西汉墓中的星象图[4]、洛阳金谷园新莽时期壁画墓[5]、山东肥城县孝堂山石刻的日、月、星象图[6]，等等。在新疆发现的这件2000多年前的棺椁，上面的彩绘图案显然是移植了华夏文化。

印鉴更具汉"官文化"特色。新疆出土的"汉归义羌长"铜印，印正方形，卧羊钮，阴刻篆文"汉归义羌长"。该印是古羌族人归属汉朝后，汉朝中央政府颁发给首领的官印。西域羌族散居在塔里木盆地各绿洲和帕米尔西河谷中，主要从事畜牧和狩猎，亦兼农业。

在新疆地区的汉唐遗址与墓葬中，还出土了一些汉文典籍。如罗布泊西汉烽燧遗址中出土的《论语·公冶长》篇简，罗布泊海头遗址发现的东汉末年的《战国策》残卷和算术《九九术》残简，1993年尼雅遗址发现的《仓

---

1 参见陕西省考古研究所、西安交通大学：《西安交通大学西汉壁画墓》，西安交通大学出版社1991年版。
2 参见洛阳博物馆：《洛阳西汉卜千秋壁画墓发掘简报》，《文物》1977年第6期。
3 参见洛阳市第二文物工作队：《洛阳浅井头西汉壁画墓发掘简报》，《文物》1993年第5期。
4 参见河南省文化局文物工作队：《洛阳西汉壁画墓发掘报告》，《考古学报》1964年第2期。
5 参见洛阳博物馆：《洛阳金谷园新莽时期壁画墓》，《文物资料丛刊》(9)，文物出版社1985年版。
6 参见罗哲文：《孝堂山郭氏墓石祠》，《文物》1961年第Z1期。

颉篇》残文等。此外还出土有《毛诗》、《论语》(郑玄注)、《尚书》(伪孔传)、《孝经》、《急就篇》、《千字文》、《典言》、《晋史》、《唐律疏义》、《针经》和《佛经》等古籍抄本。

丝绸之路开通后,南亚佛教通过中亚、西域传入内地,融合中国传统的汉文化,成为汉文化圈的一种重要宗教。西域是佛教汉化的第一站,之后进入甘肃、宁夏、晋北,而后到达内地。在内地进一步整合,最后传到朝鲜、日本、越南北部地区。

(三)西南丝绸之路的考古发现与确认

西南丝绸之路与佛教传入有关。佛教基本上从两条路线传入中国:一条是通过沙漠丝绸之路从南亚、中亚传至东亚;另一条是通过西南丝绸之路,从印度经缅甸进入中国云南、四川等地,然后沿长江流域向东至长江流域下游。西南丝绸之路的兴起应该早于沙漠丝绸之路,因为张骞出使西域时就在今阿富汗看到从印度运去的"蜀布",也就是说在张骞"凿空"之前,中国西南地区已经与印度当地有了商贸、文化来往。[1] 近年来有学者根据四川、云南的考古发现指出,西南丝绸之路可能早在夏商时代已经存

---

1 参见《汉书》卷六十一《张骞传》。

在，其证据是云南大理、晋宁、曲靖和四川三星堆遗址等地发现的齿贝、四川三星堆遗址与成都金沙遗址发现的象牙，均应产于印度。如果这种看法成立的话，那么西南丝绸之路要上溯至夏商时代。[1]

（四）海上丝绸之路的考古发现与研究

海上丝绸之路主要是通过古代码头、沉船的考古发现，以及相关地方的考古发现探索其路线。比如在安阳殷墟发现的3000年前的甲骨文刻在龟板上，经过考证，这些龟板来自马来西亚的"亚洲大陆龟"。早在殷商时代，犀牛形象就在中国青铜器纹饰上被发现。战国秦汉时代流行铜犀牛，河北平山战国中山王墓出土错金银青铜独角犀，汉文帝的母亲薄太后南陵出土了真的犀牛骨架，汉武帝茂陵陵区出土的错金银铜犀牛，还有汉代江都王陵出土的铜犀牛、唐高祖献陵出土的石犀牛等，其中大多犀牛来自南亚地区。南亚地区犀牛有不同品种，印度犀牛个体较大，而东南亚的苏门答腊犀牛个体较小。中国古代的犀牛及其作为模型的犀牛，可能与海上丝绸之路的活动有关。

山东半岛战国古墓出土的西方玻璃珠，年代在公元前

---

[1] 参见段渝：《南方丝绸之路与古代中西交通》，教育部省属高校人文社会科学重点研究基地、四川师范大学巴蜀文化研究中心主办《三星堆文明·巴蜀文化研究动态》2014年第1期。

6世纪至公元前3世纪，属于地中海东岸产品。汉唐时代通过海上丝绸之路来到中国的其他域外遗物，还有山东临淄西汉齐王墓发现的裂瓣纹银豆；山东青州西辛村发现的裂瓣纹银盒；广州南越王墓及南越国遗址出土的非洲象牙及象牙印章、象牙器，西亚或中亚的银盒、金花泡饰，南亚的乳香；广东汉墓出土的罗马玻璃、肉红髓石珠和多面金珠、波斯银币和银器等。江苏、福建等地古代墓葬中还出土了多面金珠、罗马玻璃、波斯孔雀蓝釉陶瓶、波斯釉陶壶等。由此可以复原一条从埃及亚历山大港，经印度、东南亚到山东半岛的古代海上交通路线。至于汉代与南北朝时期，中国北方通过海上丝绸之路与东北亚的朝鲜半岛和日本列岛的交流更为频繁，那里出土的众多汉代与南北朝时期的中国文物是最有力的历史见证。中古时代及其以后，随着欧亚大陆丝绸之路的衰落，海上丝绸之路进入了繁盛时代。唐宋元时代，尤其是宋元时代，中国在海上丝绸之路中占主导地位，发挥着极为重要的作用，中国船队活跃在印度洋，远航至非洲东海岸。宋元时代中国的航海与造船技术居世界先进水平。

三、丝绸之路与"盛世"中国

丝绸之路最兴盛之际,也是中国最昌盛之时;哪条丝绸之路最兴盛,就说明中国哪个地区最兴盛。比如,草原丝绸之路最兴盛的时候,也是中国北部地区最兴盛的时候。为什么呢?因为它的主体文化在那里。汉唐时期国家的政治中心、文化中心、经济中心以黄河流域为主,沙漠丝绸之路兴盛了。唐宋及其以后,隋炀帝大运河的开凿,使国家的政治中心东移、北移,首都从长安、洛阳的两京地区东移到开封,宋代以后北移到北京,经济重心移到了东部沿海,丝绸之路也就由以沙漠丝绸之路为主,变成以海洋丝绸之路为主。因此,丝绸之路与"盛世"相连。沙漠丝绸之路始于张骞出使西域,汉唐也是中国最繁盛的时期。两大盛世"文景之治""贞观之治到开元盛世",都在汉唐丝绸之路时期。

(一)丝绸之路与统一多民族国家和中华民族的形成、发展

草原丝绸之路与最早"中国"同步出现;沙漠丝绸之路为最初的统一多民族中央集权国家所开创,伴随着中华

民族的形成与早期发展。

中国在秦朝进入帝国时代，秦始皇建立统一的多民族的中央集权国家以后，由于施行急政、暴政，秦帝国很快就被推翻了。西汉王朝的建立，使统一的多民族的中央集权国家得到进一步发展，其中就包括丝绸之路的开通。

西汉王朝为了开通丝绸之路，首先需要排除匈奴的干扰，保障从长安通往西域、中亚的交通，为此西汉王朝在河西走廊建立了"河西四郡"，在天山南麓一带设置了西域都护府，使国家西部疆界从甘肃中部（秦代国家西界在兰州）扩展至西域（新疆），在这一社会发展中，沙漠丝绸之路发挥了重要作用。北方"南匈奴"的内附与东北地区"乐浪四郡"的设置，使汉王朝完成了北方与东北地区的国家建设。在这一历史进程中，沙漠丝绸之路与草原丝绸之路的作用是显而易见的。秦汉时代"南海九郡"的建设，使华南与东南沿海成为中华民族与古代中国的"大后方"，成为海上丝绸之路开辟与发展的国家保障与支撑。西南丝绸之路促进了西汉王朝对"西南夷"的开发。不难看出，草原丝绸之路、沙漠丝绸之路、海上丝绸之路、西南丝绸之路与中华民族、统一多民族国家形成有着十分密切的关系。

丝绸之路从开始就是一种朝贡文化，反映出古代中国有容乃大、和合至上、与邻为友的传统，这种文化一直延续到中国古代社会后期的郑和下西洋。

（二）丝绸之路与古代中国走向世界

中国历史上各个王朝，真正走出中国是从丝绸之路开始的。过去只是说通过丝绸之路国外的文化、艺术、宗教、自然物产传播到中国，但是从世界历史的角度来说，更为重要的是中国走向世界。因此当丝绸之路作为世界文化遗产时，强调的是"丝绸之路起点——长安"，也就是说"丝绸之路"首先是从古代中国的政治中心——长安"走向世界"，其次是世界走向中国。

近代考古学问世以来，在中亚、西亚、南亚、东北亚、东南亚、非洲等地发现了数量众多的中国古代文物。如在中亚和西亚地区的今阿富汗、哈萨克斯坦、乌兹别克斯坦，发现了汉唐时代的丝绸与中国文物；南亚印度和巴基斯坦、非洲东海岸肯尼亚等地发现了宋元时代的中国瓷器等；东北亚与东南亚朝鲜、韩国、日本、越南等地出土了青铜器、五铢钱、铜镜、印章、瓦当、丝绸、瓷器等中国古代文物。这些遗存是中国人走出国门带出去的，或外国人来华带回去的。[1] 这充分说明丝绸之路使中国走向

---

1 参见中国社会科学院考古研究所编著：《中国考古学·秦汉卷》，中国社会科学出版社2010年版。

世界。

（三）丝绸之路与古代世界走进中国

丝绸之路使外部世界走进中国。草原丝绸之路使东北亚、海上丝绸之路使东南亚建立了与汉王朝及其以后历代王朝的密切关系，形成以古代中国为核心的"汉文化圈"或叫"儒家文化圈"。以往有一种偏见：丝绸之路被描绘成中国"被"丝绸之路了，如丝绸之路上的文化遗产被认为主要是佛教寺院与石窟，祆教、摩尼教、景教等遗存。而从世界史角度来说，中国之外的世界是"被"丝绸之路的。

汉唐王朝是丝绸之路的开拓者，首先是西域地区"被"丝绸之路影响：天山廊道的古代农业经济与史前时代后期内地农业的东渐密切相关；西域古代城址中方形的城址、屯田的遗迹与遗存、众多汉唐烽燧遗址以及现存的坎儿井等等，都是丝绸之路影响西域。丝绸之路开通后，汉字成为西域的官方文字，以汉字为主的文献典籍、汉字印章、高级服装上的汉字、石碑上的汉字、货币上的汉字，体现了汉文化的西传。佛教虽然通过丝绸之路传入中国，但传入中国后被汉化，融入儒家文化的佛教连同道教、儒学，发展为三教合一的中华传统宗教文化，使佛教的中心从南亚转到东亚、中国。

此外，汉唐与中古时代以后，随着沙漠丝绸之路与海上丝绸之路的进一步发展，中国四周东西南北的域外文化大量传入有着"和合文化"基因的广袤中国。如东北亚的遣唐使、北宋开封城的犹太商人、宋元时代泉州的伊斯兰商人、京杭大运河上的东南亚国家来华元首与使者、北京的古代景教寺院、元代来华的意大利旅行家马可·波罗等，他们来到中国，认识与了解中国，促进了中外文化与经济的交流，也启迪了中国人了解世界的兴趣。

总之，古代的四条丝绸之路中，沙漠丝绸之路最重要，因为这条丝绸之路关系到中国汉唐王朝盛世的国家安全和发展，关系到汉唐王朝"和合外交"的实施，关系到古代世界东西方文化的交流。[1]

---

[1] 参见刘庆柱：《"丝绸之路"的考古学解读》，国家图书馆编：《部级领导干部历史文化讲座·2014》，国家图书馆出版社2015年版。

第八章

中华文明的国家文化：都城与陵墓反映的『中』与『中和』

第八章 中华文明的国家文化：都城与陵墓反映的"中"与"中和"

中华文明相对于世界其他文明发展道路的特色，是她具有五千多年不断裂的文明史，这在世界文明史上是独一无二的。在中华五千多年不断裂文明的发展中，具有一种世代相传、历久弥坚的从家国同构到家国一体至国家认同的文化基因。其物化载体可以从国家"择中建都"、都城之中"择中建宫（宫城）"、宫城之中"择中建殿（大朝正殿）"、以大朝正殿为基点的都城"中轴线"及城门与宫门从"一门三道"发展为"一门五道"、陵墓的"亚"字形等所蕴含的"中"与"中和"的国家至上、国家认同理念体现出来。这些关于"中"与"中和"的理念在古代历史文献中也充分反映出来，如《诗经·大雅·民劳》曰："惠此中国，以绥四方。"《毛传》曰："中国，京师也；四方，诸夏也。"《史记·五帝本纪》曰："夫而后之中国，践天子位焉。"《史记集解》刘熙曰："帝王所都为中，故曰中国。""择中建都"是中国历史上不同族属建立的不同王朝的政治传统与规则。与"中"相对应的是"和"，二者构成中华文明的文化基因。如果说都城、宫城，其四门所代表的四方是多元，那么都城、宫城、大朝正殿则是一体。它们是国家之"中"的集中体现，使四方的多元

"和"于国家的一体,成为中华民族优秀历史文化传统。

一、择中建都

考古学视阈之下的中华历史文化基因研究,主要是以国家形成的"要素"作为切入点,其物化载体是管理国家平台——都城及其相关政治文化遗存所反映的国家政治文化。

古代都城是国家政治统治中心、军事指挥中心、文化礼仪活动中心、经济管理中心,是古代中国的缩影。其考古学物化载体主要为都城之中的宫殿、官署、武库、宗庙、社稷及其出土遗物等。中国人有着"视死如生"的传统,因此对于古代帝王陵墓又形成"陵墓若都邑"的传统。据此,我们通过古代都城及其帝王陵墓等遗存的考古研究,探索作为"国家文化"的"中"与"中和"的"文化基因"。

古代都城选址与建设是国家大事,而都城遗址考古揭示了其选址与建设的"中"与"中和"原则,形成"择中建都"的"规律"。

关于都城选址,清华简《保训》篇记载了"五帝时代"虞舜"求中"于"历山"为其"都邑"。继之商汤六世祖上甲微为大禹"求中"于"嵩山"建都，此即考古发现的登封王城岗遗址，也就是夏代早期"禹都阳城"，还有夏代中晚期的新密新砦遗址与偃师二里头遗址，以及商代的郑州商城遗址、偃师商城遗址等，周代都城成周、王城与东汉、魏晋、北魏与隋唐亦建都于此。中原的最后一个王朝——北宋王朝建都东京开封城。故古代有"得中原者得天下"之说。黄河流域中游的十三朝古都——长安，其所在地关中地区也被认为属于"大中原"地区。

金元明清徙都北京之始，海陵王就认为"燕京乃天地之中"，这也就是说"天地之中"具体地点可以不同，但是其理念不能改变。历代王朝营建都城选址之所以必须"择中建都"，就是"中""中和"理念使然。都城营建于"天下（即国家）之中"是相对于东西南北"四方"而言的，"四方"即"东夷""西戎""南蛮""北狄"。"择中建都"之"中"体现国家相对"东西南北"的至高至尊，同时"中"相对"四方"又反映了国家对"四方"的不偏不倚之"公允""公正"，从而达到国家之"和"，这种"和"是国家"一统"的基础。

既然在6400年前的墓葬中发现了古人测中的证据，那就说明，中国古人很早就有"求中"的观念。

还有一个4000多年前的例子：在山西襄汾县陶寺遗

址，发现了两座陶寺文化时期的墓葬，都出土了槷表，这是古代测中的仪具。当时为什么要测中呢？这就跟陶寺这个地方的历史定位有关。考古人员在这里发现了宫殿、城墙、仓库，还发现了1500座墓，其中8%是高等级墓葬，剩下的92%，有相当一部分只是一个墓坑埋一个人。这些墓葬的差别反映出当时的人生前的财富和地位已经很不一样了，这就说明在陶寺文明的那个时代，已经不是原始社会，应该是出现了阶级社会。有了阶级社会就有了国家，有了国家就有国都。怎么证明这里是国都？考古人员在陶寺考古中发现了城墙、宫殿、宫城、宫门等遗址。历史文献记载"尧都平阳"，今陶寺城址的所在地襄汾古代称为"平阳"，由此推断，陶寺城址可能是尧都"平阳"，这应该八九不离十。

此后，古人寻找"中"的行动，伴随着国都的选址仍旧在继续。战国时代的清华简记载了夏商周时代古人"求中"于河南嵩山，到了商代晚期又回归到了河济地区，也就是现在河南东北部、黄河以北的河北南部以及山西东南部等地区。

据古代历史文献记载，周武王灭商之后，周朝为国都选址，又选到了河南嵩山这一带。1963年，在陕西宝鸡发现了距现在3000年的一件铜尊。当时上海博物馆的馆长马承源在这件铜器底部发现了12行122个字的铭文，这件铜器记载了一位叫作何的贵族受到周王赏赐，因此被称为"何尊"。何尊的铭文里出现了"宅兹中或"（即"宅兹中国"），就是说都城要选在"中"的地方，也就是天地之中。而"或"就是地域的"域"，在"或"之外加上"囗"就是"国"，"宅兹中国"，也就是周成王迁都洛邑，即现在的洛阳。这也是古人选择"中国"（都城）于天下之中的一个佐证。

此外，因为东西南北的自然环境、风俗习惯不同，中国古代的政治家觉得，要管理国家还需要包容，必须让这个国家的东西南北各地都觉得他的统治是公平的。古代的国王、皇帝这样做，主要是出于政治考虑，建都于国家中央，也是为了表示对东西南北各地的公允、公平。文献记载，当时把国都建在国家中央，还有一个考虑就是便于收赋税。国都要选适中的地方，便于经济、政治、军事各方面的管理。因此，"择中建都"就成了一个制度。

由秦汉至唐宋时期，国家统一时期的都城基本都在"大中原"的长安、洛阳与开封东西一线。到了金朝徙都燕京，在金人看来"燕京乃天地之中"，并且都城之名就是"中都"，金朝海陵王强调"择中建都"的意识由此可见，元大都、明清北京城都是在金中都规制的基础之上，延续了前制。

二、择中建宫

在中国古代都城发展史上,"择中建宫"是继"择中建都"发展起来的。早期偃师商城的宫城在都城南部东西居中位置,洹北商城的宫城基本在都城中部。战国时代的魏国都城安邑城之宫城基本在都城中央,郑韩故城西城的宫城位于西城东西居中位置。东汉洛阳城、魏晋与北朝洛阳城与唐长安城之宫城一般均在都城北部东西居中之地。北宋东京城的宫城则居外郭城的中央。金中都、元大都、明清北京城的宫城一般在都城东西居中位置。宫城作为国家政治中枢,居于坐北朝南的都城东西居中位置,无疑是突出宫城的"中"之核心政治地位。这是宫城作为国家政治中枢的核心地位的体现。

皇宫通常设置在古代都城的中央位置。北京城是中国古代都城文化的集大成,是中国古代历史的终结点,最后一个古代王朝的都城,北京的故宫就是设置在过去北京城的中央位置。

距现在 3600 年的郑州商城与偃师商城,建于"天地之中"的"大嵩山"地区,考古人员发现偃师商城的王宫就在都城东西之中位置。因为都城是国家的政治中心,王宫是国家的政治中枢。到了北魏时期，皇宫就正式设在都城的东西的中央位置了，它一直影响到明清北京城。

北魏洛阳城宫城居内城之中，隋唐长安城宫城居皇城之中，北宋开封城宫城居内城之中，金中都、元大都、明清北京城之宫城均居皇城之中位置。

不过，唐长安城的大明宫是个例外，它原来并不是皇宫，当初唐高祖李渊当太上皇了，他的儿子唐太宗李世民嫌他爸爸在皇宫里有点儿碍事，就说长安城东北角地势高，那里凉快，在那里盖一个别墅区让他住。后来到了唐高宗的时候，他的皇后武则天给他出主意，让他到大明宫去，那里地势高，对他的风湿病治疗有利。这其实是因为武则天想摆脱原来唐长安城宫城——太极宫"传统"政治中心的羁绊。

到了北宋，都城选在现在的开封，这时达到从"择中建都"到在都城"择中建宫"，再于宫城"择中建殿（大朝正殿）"，这时的都城、皇城、宫城、大朝正殿"择中"而建达到最"全面"的时期。

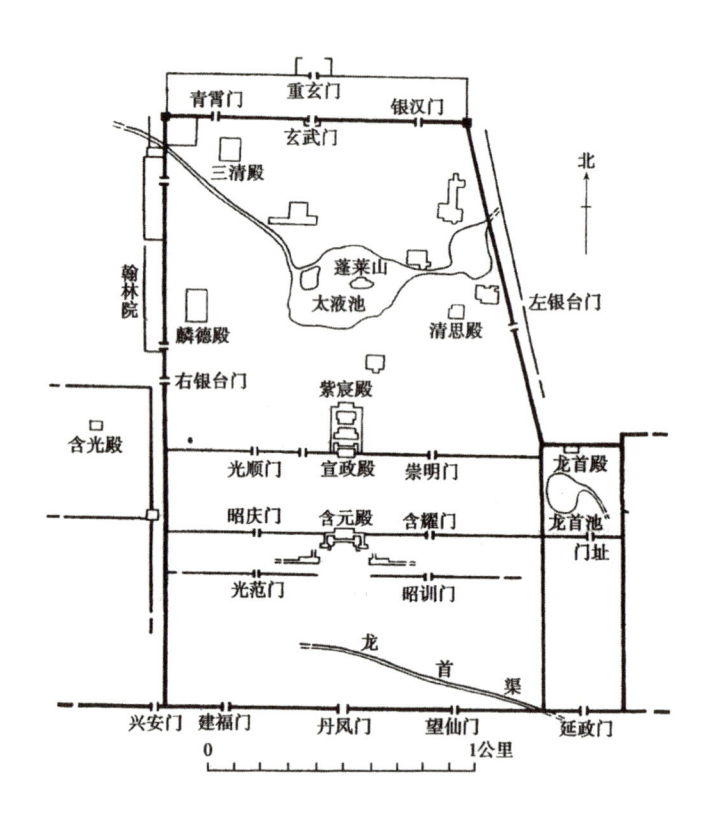

唐长安城大明宫遗址平面图

三、择中建殿

在宫城之内"择中建殿",实际上是"大一统中央集权国家时代"与"封邦建国时代"都城布局的重大政治区别,即国家从以血缘政治与地缘政治结合的"二元政治"发展为地缘政治为主、血缘政治为辅。"中"的意识体现了中央集权的多民族统一国家的至高无上。考古发现的这类大朝正殿居于宫城中央或东西居中的有:汉长安城未央宫之前殿、北魏洛阳城宫城之太极殿、唐长安城宫城之太极殿与大明宫之含元殿、隋唐洛阳城宫城之乾元殿、北宋东京城宫城之大庆殿、元大都宫城之大明殿。此外,明清北京城宫城的奉天殿与太和殿也是如此。

所以我们说,都城"求中"这个原则,古人在几千年里一直没有变过,而且这个原则也在发展,从都城发展到皇城,从皇城发展到宫城,然后发展到了"大朝正殿",越来越突出"中"的规划理念。

比如我们现在参观北京故宫,进了午门以后,为什么对着的是太和门,太和门又对着太和殿,两者中间为什么空出那么大的广场?太和殿是古代君王办公的地方,俗称金銮殿,而在周代具备这个功能的建筑,叫作路寝。到秦

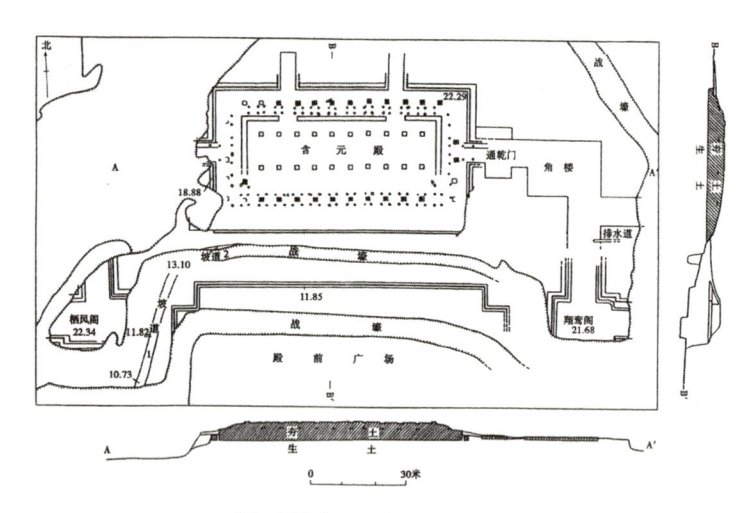

唐长安城大明宫含元殿遗址剖面图

始皇的时候，更名为前殿，汉代也沿用了前殿的称呼。到了曹操儿子当皇帝的时候，把前殿改名为太极殿。

中国古代皇官的金銮殿有三个特点：居前、居中、居高。

前殿，意思就是这个建筑在皇官的最前面，没有别的建筑挡住它。清代的北京太和殿也延续了这样的规制，它的前面没有建筑，只有门——太和门、午门、端门、天安门、正阳门、永定门。前殿的这个特征，是从秦始皇那个时候就传下来的。秦始皇时代著名的阿房宫，史料说阿房宫以南山为阙，也就是说，它的前殿对着终南山，它和山之间是不可以有其他建筑遮挡的。

至于居中，我们还是可以从故官太和殿来看，它就是居中的，东边有东宫，西边是西宫。至于居高，当年北京城最高的建筑，不算塔类建筑，太和殿就是最高的。虽然太庙跟它一样高，但实际上，太庙的台基比太和殿要低，所以太和殿的绝对高度要比太庙高。王国时代宫城之中东西并列着宫殿与宗庙，二者"平起平坐"。但是随着封建王朝的建立与发展，代表血缘政治的宗庙地位逐步下降，代表国家地缘政治的大朝正殿地位越来越高，大朝正殿比宗庙建筑高了，政治上大朝正殿就显得更重要了。

四、"中"的强化：都城城门、宫门从"单门道"发展为"一门三道"与"一门五道"

从目前已经发现的古代都城城门与宫城宫门遗址来看，夏商西周到春秋战国时代的都城城门一般为"单门道"，如偃师商城、东周秦雍城、临淄齐故城、曲阜鲁国故城、中山国灵寿城、阎良秦汉栎阳城等。

都城出现"一门三道"，以目前考古发现的东周楚国纪南城城门为最早。20世纪80年代初，东周楚国都城——纪南城遗址发现了两座"一门三道"的城门。战国晚期，楚国徙都寿春城，考古发现，寿春城两座城门均为"一门三道"。从中国古代都城发展史来看，都城外郭城的四面城墙均开建三座城门，形成四面十二城门均为"一门三道"的"定制"，应该始于汉长安城。

"一门三道"是中国古代都城的重要特点，现在我们仍然可以在明清北京城天安门、正阳门及故宫的午门上，看到完整保存的"一门三道"。都城中发现的"一门三道"，可以上溯至夏商时期。20世纪70年代，考古工作者在二里头宫城遗址中的一号宫殿建筑遗址发现了迄今为止最早的"一门三道"之门，不过它们并非都城城门或宫城宫门，而是宫殿院落的正门（南门）。21世纪初，考古学家又在偃师商城宫城遗址中的五号宫庙院落与三号宫庙院落（南门），发现了"一门三道"形制。目前知道的宫城正门"一门三道"是北魏洛阳城宫门——"阊阖门"，此规制一直延续至明清时期。进入中古时期，部分朝代的都城与宫城之正门出现了"一门五道"形制。如唐长安城外郭城正门——明德门遗址、大明宫正门——丹凤门遗址。出土图像资料与历史文献记载的都城、宫城的"一门五道"的城门还有宋东京城的宫城正门——宣德门等。

关于城门"一门三道"各个门道的使用或功能，古代学者认为"男子由右，女子由左，车从中央"。这样的说法，值得进一步推敲。"车从中央"之说与考古发现是不

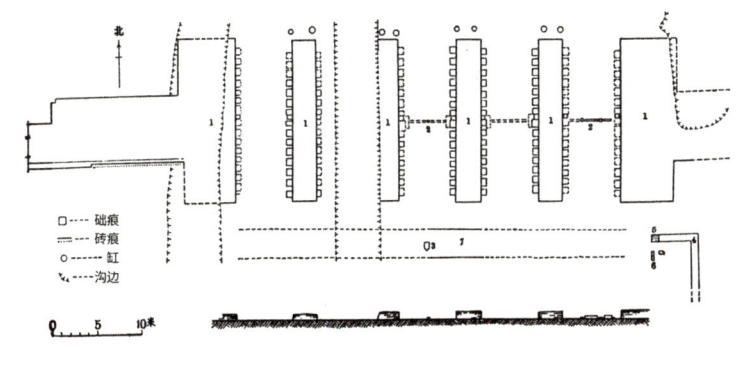

明德门遗址实测图

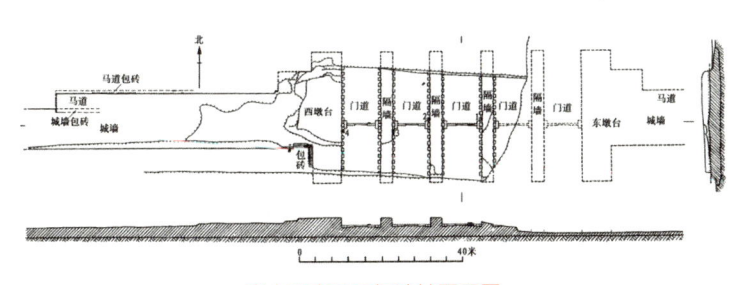

唐大明宫丹凤门遗址平面图

第八章 中华文明的国家文化：都城与陵墓反映的「中」与「中和」 二五五

一致的。汉长安城各城门的考古发掘发现，城门两边的门道保存有清晰的车辙遗迹，是行人通行的门道。直城门遗址考古发现的中门道遗迹保存较好，其门道为"草泥"地面，没有发现车辙遗迹。[1] 因为"中道"实际上是"象征性"的皇帝使用的"驰道""御道"。

都城与宫城城门、宫门的"一门三道"与"一门五道"，是象征国家至高无上地位的"符号"。目前考古发现，宫城城门一般比都城城门更为重要。据史料记载，秦咸阳城与汉长安城建设伊始，首先启动的重要工程就是宫城的"门阙"（"门阙"即有"阙"的宫门）建设，即《史记·秦本纪》所谓"作为咸阳，筑冀阙，秦徙都之"；《汉书·高帝纪》所谓"萧何治未央宫，立东阙、北阙、前殿、武库、大仓"。而且，国家的重大政治活动或仪式均在宫城宫门（正门）之前举行。考古发现已经证实，宫城的宫门一般是都城各门类建筑中规模最大、最雄伟的，这一特点折射出作为国家政治中枢的宫城的特殊政治地位。

《周礼·考工记》说国都九经九纬，就是城中的东西南北各九条路。门是一边三座，一个门三个门道，因此形成都城之中的主干路为"九经九纬"的说法。

---

[1] 参见中国社会科学院考古研究所汉长安城工作队：《西安汉长安城直城门遗址2008年发掘简报》，《考古》2009年第5期。

到目前为止，除了全国八大古都之外，所有发现的古代"地方"城市的城门，没有一个城门是三个门道的。只有古代的都城，它的城门、宫门（宫城一般是正门），才是"一门三道"，中间留出来的那条路是干什么的？有人说中间这条路是走车的，实际上它不是一般人走的，它是供皇帝专用的。前些年，考古工作者在西安发掘汉长安城直城门遗址，那里的遗迹也是三个门道。这个城门保存得较好，两边的门道上都有车辙。中间的门道上却没有发现车辙，发掘者认为中门道与其他门道的地面明显不同，其为抹泥地面，表面光滑平整，基本看不到使用痕迹，他们认为中门道属于驰道，为皇帝专用而很少使用。它的存在，折射出以帝王为代表的国家的至高无上。

五、都城与皇城、宫城之"四面辟门"的"中和"理念

"中和"理念的进一步深化表现在都城"四面辟门"、都城之"宫城居中"与宫城"四面辟门"。考古发现汉唐长安城、汉魏隋唐洛阳城、宋开封城、金中都、元大都与明清北京城的都城及宫城四面均辟门，这是"中和"之

"和"理念的佐证。在以上诸都城遗址考古发现中，宫城之大朝正殿"居中""居高""居前"则突出了作为国家代表的中央政府的"至高"与"至尊"理念，这又是中华"五千多年不断裂文明"与国家"大一统"的文化基因。

"中"与"和"密切相关，二者并称合用，最早出现在《礼记·中庸》中，其载："喜怒哀乐之未发谓之中，发而皆中节谓之和。中也者，天下之大本也。和也者，天下之达道也。致中和，天地位焉，万物育焉。"司马光认为："夫和者，大则天地，中则帝王，下则匹夫，细则昆虫草木，皆不可须臾离者也。"[1]

六、古代都城从"轴线"到"双轴线"至"中轴线"的发展历程

中华民族发展的历史见证了中国人对国家认同的理念是逐渐强化的，这也体现在都城从"中"到"中轴线"的发展。

通过研究都城"中轴线"的出现和发展，我认为这体

---

[1]《传家集》卷六十二。

现了一种理念，也就是不同时代的中国古人把国家放在一个什么样的位置上。王国时代是血缘政治与地缘政治的"二元"体制，比如二里头遗址的宫城之内分布着东西并列的宗庙与宫殿建筑及其院落，宗庙与宫殿作为各自院落的主体建筑，宫城与宗庙、宫殿建筑均为坐北朝南，它们可能分别对着宫城南部的两个门，形成宫城之中的二元轴线。帝国时代的都城出现以大朝正殿为基点的"一元"的"中轴线"，形成规整的都城中轴线规制在北魏洛阳城，这一制度一直沿袭到明清北京城。其间隋唐长安城的都城中轴线达到中国古代都城中轴线的"极致"，隋唐长安城中轴线以宫城——太极宫之中的太极殿为"基点"，由此向南依次为宫城正门承天门、皇城正门朱雀门、都城正门明德门。明清北京城中轴线则以故宫太和殿为基点，由此向南依次为太和门、午门、端门、天安门、大清门、正阳门。中轴线的出现，导致宗庙移出宫城，国家理念的强化。

天安门是皇城正门，进入天安门之后，其东边是太庙，西边是社稷。太庙叫祖，社稷叫社。这也就是"左祖右社"，这个左右是相对大朝正殿——太和殿而言的，它俩分别在太和殿的东南和西南。

既然"左祖右社"，那么谁在中间呢？在中间的是代表国家最高权力机构的大朝正殿。

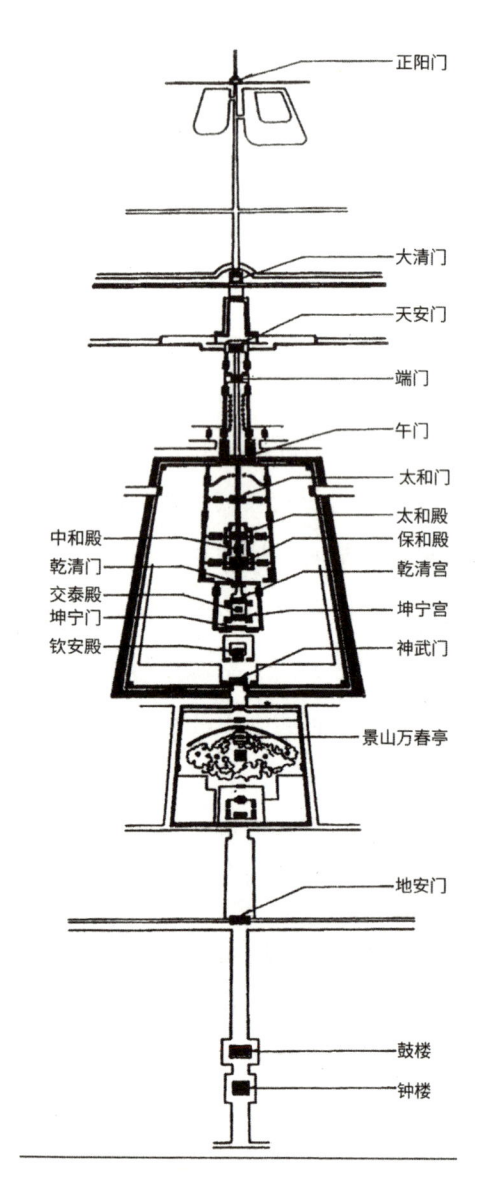

明清北京城中轴线上主要建筑位置图

这个"中"原来是没有的，考古发现的早期王城的宫城之中东西并列有宗庙与宫殿，这时的宫城是"双轴线"。到了秦始皇的时代，以国家为大，在这种理念之下，古人就把宗庙从都城的宫城之中迁到了外面，而把代表国家"政权"的宫殿保留在宫城之内，并置于宫城中央。

从"择中建庙（宫庙）"到"择中建殿（大朝正殿）"，也是从"王国时代"到"帝国时代"不同社会形态变化的重要考古学标志。古代都城"择中建殿"相应出现的"左祖右社"布局规制，反映的是国家政权由先秦时代血缘政治与地缘政治并重，到地缘政治为主、血缘政治为辅。

正因为中国古代有这样的思想，国家的理念越来越强化。随着封建王朝的发展，如果国家认同观念不是越来越强化，"大一统"的中华民族国家就不可能保持中华文明突出特性的"连续性"。

古代都城轴线是中国古代都城的重要特点。表面上看古代都城轴线是建筑规划与技术问题，实质上是国家政治理念在都城建设上的反映。

以往关于中国古代都城轴线的研究，一是统称"中轴线"，二是都城中轴线似乎与古代都城同时出现，其实并非如此，古代都城轴线、中轴线是古代都城发展的产物。

以"道路"形式表现出来的都城"中轴线"，是中国古代都城的重要"政治特点"。"中轴线"表面上是建筑规划与技术问题，折射的是"美学"与"艺术"理念。实质上，都城、宫城的"中轴线"是国家政治理念在都城建设上的反映，是寄寓于都城中的"国家认同"的重要物化载体之一。从新中国成立70多年来的考古发现与研究来看，中国古代都城的"中轴线"有着漫长的发展过程，经历了从无到有，再从夏晚期及商早期的"封邦建国时代"都城"双轴线"至"大一统中央集权国家时代"都城"中轴线"成为"定制"的历史过程。

目前考古发现的陶寺城址、登封王城岗城址、新密新砦城址等，很难看出其轴线、中轴线规划理念。二里头宫城遗址的二号宫庙遗址与一号宫殿遗址并列于宫城东西，这可能是目前考古发现时代最早的都城轴线。一号宫殿遗址主体建筑殿堂遗址与其院落南门及宫城西部南门（7号遗址）南北相对。二号遗址主体建筑与其院落东部南门相对，在宫城南城墙上还未发现与之相对的宫门。不过从宫城整体布局来看，有的学者认为南宫墙东部有可能还有一座宫门，如果这一推测不误的话，二里头宫城应该有两条东西并列的南北向轴线，也就是宫城的"双轴线"。类似情况在偃师商城的晚期宫城中也存在着。偃师商城在其早期都城中有一条南北向轴线，其南端为偃师商城南城门，向北经宫城南宫门、北宫门至北城门（即传统所说的"小城"北门)。那样的话,偃师商城(早期)可能是我们目前所知道的时代最早的具有中轴线的都城遗址,当然这与秦汉时代以后的帝国时代"宫城"与都城的"中轴线"还不一样。

在二里头宫城遗址与晚期偃师商城的宫城遗址中出现的"双轴线"规划,应该与当时宫城中存在的"左庙右宫"的"宫庙"并列布局有关。我认为这是地缘政治与血缘政治结合的"二元"政治,决定了都城之宫城中"宫庙"并列的"双轴线"。

秦咸阳城是战国时代修建的都城,秦始皇建立秦帝国之后仍然以此为都城,就都城形制而言,它属于从"王国时代"到"帝国时代"的"过渡型"都城。就目前秦咸阳城遗址考古发现而言,我们还无法究明战国时代秦咸阳城与秦代秦咸阳城的都城轴线问题。但是,秦代末年秦始皇修建的秦阿房宫前殿工程,从汉代史学家司马迁的记述来看,当时似乎规划了一条南北向的都城轴线,其北自阿房宫前殿,南至终南山,所谓"表南山之颠以为阙"。《史记》卷六《秦始皇本纪》载,秦始皇三十五年(前212年),"乃营作朝宫渭南上林苑中。先作前殿阿房,东西五百步,南北五十丈,上可以坐万人,下可以建五丈旗。周驰为阁道,自殿下直抵南山。表南山之颠以为阙。为复道,自阿房渡渭,属之咸阳,以象天极阁道绝汉抵营

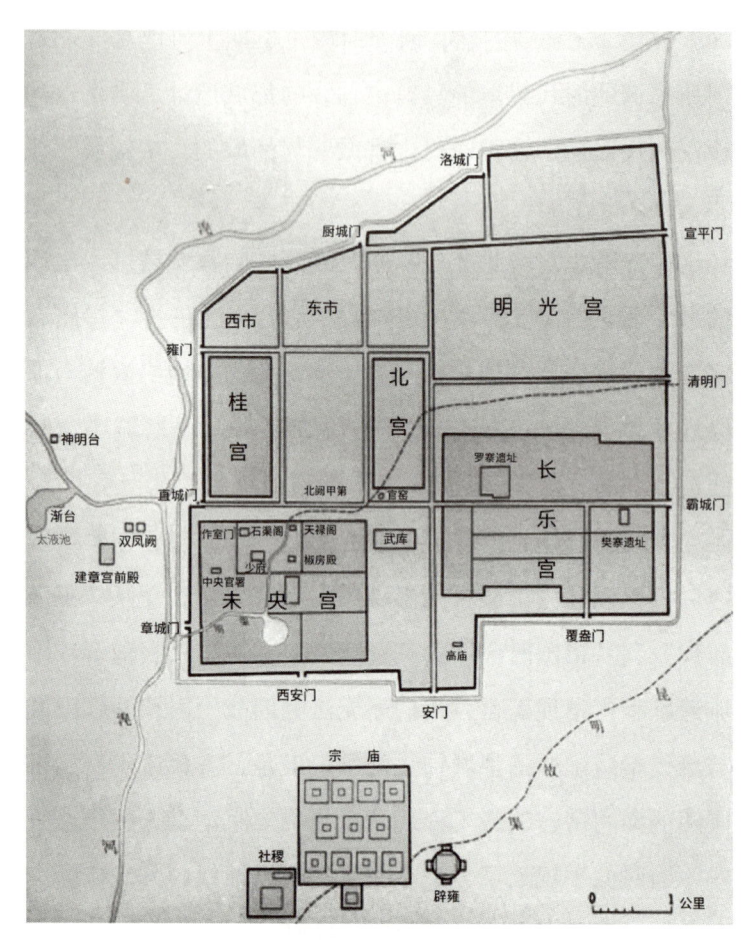

西汉长安城布局图

室也"。

汉长安城是帝国时代第一个修建的都城,从汉高祖修建皇宫——未央宫伊始,大朝正殿——前殿的"居中"理念就确定了,也就是说未央宫的"双轴线"已不可能存在。虽然皇宫——未央宫的中轴线理念已经出现并实施，但是作为整个都城的"中轴线"规划理念那时还没有形成，直到西汉晚期南郊礼制建筑的全面建成，都城的中轴线及其"左祖右社"格局才最终形成。都城中轴线形成的早期阶段，"中轴线"并不是科学的、严格的建筑规划意义上"居中"与"左右对称"内涵。但是随着古代都城的发展，都城"中轴线"越来越接近"居中"，西汉晚期形成都城整体的"中轴线"。东汉雒阳城前期是大朝正殿与南宫的南宫门、外郭城南城门——平城门形成南北向的都城"中轴线"，东汉雒阳城晚期是大朝正殿与北宫的南门、外郭城南城门形成南北向的都城"中轴线"；魏晋洛阳城和北魏洛阳城的都城"中轴线"就比汉代长安与洛阳的都城"中轴线"更为接近"居中"位置。古代都城"中轴线"真正实现"居中"，应该是隋大兴城与唐长安城，此后一直延续至明清北京城。

古代都城"双轴线"折射了地缘政治与血缘政治的"二元"政治格局，古代都城从"双轴线"发展为"中轴线"是地缘政治强化与血缘政治弱化的表现，是"王国时代"与"帝国时代"都城的重要区别。古代都城的"点""线""面"，即以帝国的大朝正殿为都城"基点"，由此"基点"产生了都城"中轴线"，以此"中轴线"形成帝国都城的整体空间。大朝正殿的"基点"是都城的

"核心",处于帝国都城的"居中""居前"位置与"居高"地势。如果说都城是国家的"缩影",那么"宫城"及其中"大朝正殿"就是国家的"政治中枢"。

七、"左祖右社"与都城"中轴线"

《周礼·考工记》载,"匠人营国,方九里,旁三门,国中九经九纬,经涂九轨;左祖右社,面朝后市"。这被认为是自周代以来中国古代都城主体布局的"金科玉律"。然而,从新中国成立70多年来的考古发掘来看,按照"左祖右社"规制营建的都城,以西汉晚期的汉长安城(遗址)为最早,目前尚无"左祖右社"始于周代的确切证据。先秦时期,都城宫城之内"右宫左庙"并列,如二里头宫城遗址、偃师商城的宫城遗址、东周时期的秦雍城遗址等均属此类情况。进入大一统中央集权王朝时代以后,"宫庙"布局发生了重大变化,出现了只有宫殿(大朝正殿)在宫城之中,而宗庙则安排在宫城甚或都城之外的情况。如文献记载的秦咸阳城,其"宫庙"安排在城外的"渭南";考古发现,西汉大朝正殿——前殿在未央宫中央,宗庙则不在未央宫,文献记载西汉早期的汉高祖高庙、汉惠帝庙均在未央宫之外，而汉文帝的顾成庙则已安置在都城之外。

从"宫庙并列"到"大朝正殿"居中，是中国古代历史上"国家理念"的进一步强化。如果说秦咸阳城的宗庙"移出"都城尚仅是历史文献记载，那么汉长安城遗址中的"大朝正殿""居中"与"宗庙"在都城"南郊"已为考古发现所证实。考古发现的西汉晚期宗庙与"社稷"遗址，在汉长安城之南，北对未央宫前殿，形成目前所见最早的都城"左祖右社"规制。这一规制为汉魏洛阳城、唐长安城、宋开封城（东京城）、金中都、元大都、明清北京城等古代都城所继承。上述诸都城的"大朝正殿"均在宫城中央，宗庙与社稷均安排在宫城之外，形成以"大朝正殿"为中心的"左祖右社"的都城布局，从而进一步突出了以"大朝正殿"为代表的"中央政府"在国家的"缩影"——都城的"东西南北"的"中"之"政治定位"，以"中"为核心的国家"大一统"理念，由都城布局形制彰显、固化并世代传承。这是中华文明突出特性的"连续性"与国家"统一性"的政治理念的体现与保证。

20世纪50年代以来的考古发现与研究揭示，中国古代"国家"物化载体的最高体现是从"择中建国（都城）"到"择中建宫（宫城）"，再到"择中建殿（大朝正殿）"。从"择中建庙（宫庙）"到"择中建殿（大朝正殿)"，反映了社会形态的变化，是大一统中央集权国家的重要考古学标志。"择中建殿"与"左祖右社"布局规制，反映了国家政权由先秦时代血缘政治与地缘政治并重，到国家政权组成以地缘政治为主、血缘政治为辅的大一统中央集权国家的蜕变。

八、陵墓若都邑：陵墓及陵园之"中"与"中和"

（一）陵墓（殷墟西北岗商王陵至西汉帝陵）的"亞"字形四墓道之"中"与"中和"

中国有着五千多年不断裂的文明史，但是目前我们通过考古工作可以确认的中国历史上最早的王陵是距今三千多年的商王陵，最晚的帝王陵墓则是明清帝陵。中国古代历史上帝王陵墓"若都邑"的特色，作为"国家文化"，承载着中华五千多年不断裂文明。我们从商王陵到明清帝陵的三千多年帝王陵墓发展史，可以看出其"文明"上的"一脉相承"。它们主要表现在以下几个方面：

其一，从"五帝时代"历史上出现"最早中国"到明清王朝,有国家就有了帝王,有帝王就有帝王陵墓。中国历史上的传统是一般人去世以后,要"叶落归根",埋葬在自己的家乡。帝王以"国"为"家",帝王只要是"正常"(即仍然具有帝王名分)去世,那么他们就应该埋葬在国家都城附近。因此中国古代帝王陵墓一般均在其各自王国、王朝的都城所在地:清王朝的帝陵在清北京城东北部的遵化(清东陵)与北京城西南部易县(清西陵);明代早期都城在南京,朱元璋孝陵就在那里,其子朱棣徙都北京,此后明代皇帝陵墓就在北京昌平(明十三陵);金王朝定都燕京(金中都),其帝陵在北京房山一带,海陵王还把他先人的陵墓从黑龙江迁至金中都的皇家陵园。这样的"传统",可以从金代经宋代、隋唐、魏晋南北朝、秦汉,上溯至商周。

其二,目前新的考古发现帝王陵墓从殷墟西北岗商王陵已经营建"陵园",秦汉至明清帝陵陵园设置"四门"。东汉至明清时代帝陵从过去"亞"字形四墓道变为"甲"字形墓,陵墓只设置一条墓道,应该与陵园辟"四门"有关,后者地上"四门"具有了前者地下"四墓道"的功能。这与自春秋战国时代以来,帝王陵墓"建设"重点从"地下"走向"地上"密切相关,陵墓从过去仅仅"悼念"逝者,发展为"服务"于"生者",也就是老百姓所说的"给死人办事,让活人看"。这是帝王陵墓(乃至一般殡

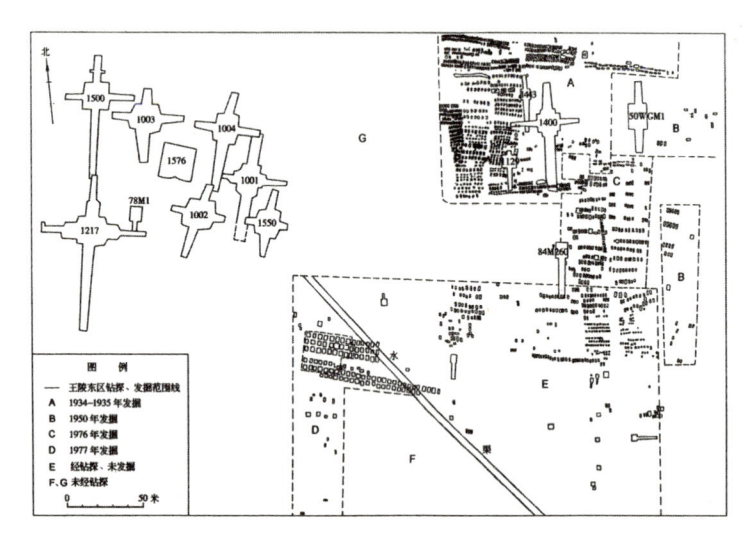

殷墟西北岗王陵区平面示意图

葬）从"地下"走向"地上"的主要原因。与之相应的帝王陵墓变化是，帝王陵墓随着时代发展，其陵墓文化内容越来越复杂、越来越"政治化"。帝王陵墓从"墓而不坟"到"大作丘冢"，从陵墓到陵园，从陵园到陵邑，从埋葬帝王到设置达官显贵陪葬墓区。

（二）"陵墓若都邑"的布局形制折射的"中"与"中和"

古代王朝建立之后的国家大事有二，一是营建都城，二是营建帝陵。都城与帝陵构成各个王朝最高统治者"阳间"与"阴间"的"二元世界"。帝王陵墓可以说是帝王的"阴间"之"都城",因此古人早在2000多年前就提出"陵墓若都邑"的说法。中国古代历史上的"视死如生"成为古人的不变理念。我们把帝陵作为都城的有机组成部分,也就是缘于中国古代历史的这一文化传统理念。

中华民族及其先民把"生老病死"视为人生历史的"全过程","生死"又被视为其中最为重要的历史"节点",而"死"比"生"更为人们及社会所重视,因为"死"是人生的"终结","生"则仅仅是人生的起点。人类的"生"与"死"是完全不同的两个人生时空,在华夏与中华民族历史文化中却被赋予"意义"相近而"形式"相反的两个"世界",即"阳间"与"阴间"的"二元世界"。所谓"阳间世界",就是人们现实生活着的世界,"阴间世界"则是人去世后的虚拟"世界","阴间世界"是人类在"阳间世界"去世之后的"灵魂"之"生存"空间。人们生前在"阳间世界"的一切,死后延续到了"阴间世界",因此"事死如生"成为中国古代殡葬文化上的一个极为突出的特点。国王、皇帝生前在都城、宫城、大朝正殿统治着国家,死后其陵墓也要仿照其生前的宫室等进行建设与开展祭祀活动。从安阳殷墟西北岗的商代王陵"亞"字形墓,到秦始皇陵墓室之中"以水银为百川江河大海,机相灌输,上具天文,下具地理"的埋葬内容,以及反映秦始皇生前政治、文化、军事等诸多方面的秦始皇陵园与陵区之中"兵马俑坑"等180多座陪葬坑。[1] 汉武帝茂陵、唐太宗昭陵与唐高宗乾陵等，无不是那个时代历史的缩影。汉武帝茂陵的平面方形陵园、覆斗形陵墓封土的"方上"与"方中"的墓室，所体现的"崇方"、尚"中"理念；霍去病、卫青、金日䃅等茂陵陪葬墓所反映的汉武帝及其周围政治家、军事家等丝绸之路开拓者的丰功伟绩历史；唐太宗昭陵100多座陪葬墓所折射出的唐代初年大唐王朝贞观之治盛世的政治气象；唐高宗乾陵三重阙所象征的大唐都城的宫城、皇城、外郭城的三重正门，以及乾陵石像生中的64尊"蕃酋像"所反映的中外友好的"丝绸之路"盛况；等等。基于上述所说古代墓葬所凝聚的历史文化内涵，可以说"阴间世界"是"阳间世界"的一面历史"镜子"，殡葬史在某种程度上可视为社会历史的"缩影"，它们浓缩着华夏与中华民族的相关重要历史文化信息，成为"礼仪之邦"的"礼制"物化载体，构成中华民族五千多年生生不息的礼制文明史，蕴含着中华民族

---

[1] 参见陕西省考古研究所、始皇陵秦俑坑考古发掘队编著：《秦始皇陵兵马俑坑一号坑发掘报告（1974~1984）》（上下册），文物出版社1988年版；陕西省考古研究所、秦始皇兵马俑博物馆编著：《秦始皇帝陵园考古报告（1999）》，科学出版社2000年版；陕西省考古研究所、秦始皇兵马俑博物馆编著：《秦始皇帝陵园考古报告（2000）》，文物出版社2006年版；陕西省考古研究院、秦始皇兵马俑博物馆编著：《秦始皇帝陵园考古报告（2001~2003）》，文物出版社2007年版。

历史文化的核心"基因"。

为什么我们谈都城，又要谈陵墓的话题呢？在古人的认知中有两个世界，一个是阴间，一个是阳间。2000多年前的《吕氏春秋》就提出"陵墓若都邑"。凡是建都的地方，都有帝王陵墓，就像安阳殷墟的西北岗商王陵、秦都咸阳附近的秦王陵与秦始皇陵、西安地区的西汉十一陵、唐十八陵、河南巩义的宋陵、北京周口店的金陵、昌平的明十三陵、清东陵与清西陵等，这些陵墓同样体现了古人的生前"居中"的思想，死后进入"阴间世界"也把"居中"的理念带到那个世界。陵墓中最早的"中"，我们是在安阳西北岗3000年前商代的王陵中发现的。我们发现墓是方形的，四边各开了一条墓道。按道理来说，古人当时修墓的时候只需要挖一条墓道就足够了，当初商朝人为什么要挖四条墓道？我曾经仔细思考过这个问题。

从考古发现来看，在东汉以前，凡是国王、皇帝的墓葬，都是四条墓道的规制。比如秦始皇陵、汉武帝茂陵等。我认为，四条墓道的设置，跟宫城四面开门是一个道理，从功能角度来说墓葬其实只用一条墓道，但是它需要四条墓道来表示，它是面向四方的。举一个例子，《史记·秦始皇本纪》写秦始皇的陵墓是"以水银为百川江河大海，机相灌输，上具天文，下具地理"。上述记载就是把秦始皇陵当成国家缩影来考虑的。

其实在古人的概念中，都城也是一个微缩的国家。清代北京城有中南海、北海的设置，这种把湖泊称为"海"的做法，实际是从唐代沿袭而来的。唐太宗李世民的皇宫里就设有四海池，即"东西南北"四海。而这种设定实际上是从汉武帝延续而来的，汉武帝到北地、山东、河北等地视察，回去以后就在皇宫里修了池子，叫太液池。"太者大也，液者水也"。

在考古发掘中，这一时期（从殷商到西汉）只要是当过帝王的，其陵墓一般是四条墓道，也就是考古学家所说的"亞"字形墓。在夏商周时期，宫城是不开四门的，到了秦汉时期，宫城开四门就成为一个制度。宫城四面开门，都城也是四面开门。到了战国时期开始出现君王陵园，那时候的陵园并没有四个门，到了秦汉的时候就变成了四个门。

在战国时期，没有哪个国家的君王修墓设置四个门道。原来我们以为是当了皇帝才能有四条墓道的规格，从目前的考古发掘资料来看，秦国这种四条墓道的规制，在秦孝公迁都咸阳之后的"秦王陵"已是"四墓道"设置。

（三）陵园之陵墓居中与陵园"四面辟门"之"中"与"中和"

从东汉的皇帝陵墓开始，帝陵变成了一条墓道的规制,我们称之为"甲"字形墓葬。不过陵园仍旧保持四个门的设置。

唐高宗与武则天合葬墓乾陵陵园就是东西南北四个门,宋代皇帝的陵园也是四个门,依旧保持着跟古代都城一样的传统。这意味着"陵园就是皇宫"象征的认知。陵园前面设立的石人、石马等石像生,象征着上朝的礼仪,西汉十一陵、唐十八陵、巩义宋陵、北京房山金陵、昌平明十三陵、清东陵与清西陵等帝王陵墓的"司马道"或"神道"实际上就是死者生前都城的"中轴线"。

1.古代陵寝视阈之下的"文明"

如前所述"陵墓若都邑",而都邑与"文明"密切相关,也就是说通过陵墓、陵寝的遗物与遗迹,我们也可以研究与"文明"密切相关的问题。首先,陵墓与一般墓葬比较,二者规模大小悬殊、随葬品多少不同,这些可以明显反映墓主人生前的经济状况、政治地位。陵墓的出现无疑是与"文明形成"相伴而行的。因此,考古学家在探索"文明"形成与发展的过程中,十分关注"大墓"的发现,以及那些墓葬的内涵。比如,山西襄汾陶寺遗址考古发现,那里不但有大城与"小城"(即"宫城")组成的城址,更有大规模墓地,墓地之中还有百分之几的高等级墓葬,在那些墓葬中出土了"高等级"遗物,如作为礼乐的器物,"龙纹陶盘"、墨书文字的器物、鼓、玉器等,这些应该是社会分层的反映,也是追溯中华五千多年不断裂文明的物化载体。墓葬由于埋葬在地下,相对地面"遗存"(如"城址"、各种各样的"遗物")一般保存更多、更完整。这些物化载体是研究中华五千多年不断裂文明的第一手历史资料。再如,涉及中华五千多年不断裂文明的重要的、关键性"形而上"理念的物化载体,往往可以从帝王陵墓中找到探索途径。例如,关于中华民族几千年来的"中和"理念,我们可以通过商王陵的"亞"字形墓葬形制,看到"四门"是"中和"理念的折射。凡此还有许多。

2. 陵墓选址与陵墓的分布、排列

墓地是"墓葬"的空间载体,墓地的选择是"墓葬"的前提。从长时段来看,墓地与居址的选址原则基本相同,即"居高临下""背山面水"。古人这样的选择,不是什么"风水"问题,主要是作为居址的实际需要而在墓地选择上的表现。在远古时代,人类驾驭周围环境的能力十分有限,充分利用"地利"是其必然选择。"居高临下""背山面水"是为了居址与居住者的生活安全、方便、舒适。而墓地又是作为人们的"阴宅",其仿照"阳宅"进行规划、营造是中国古代殡葬文化的重要特点。墓地与居址相对位置,时代越早二者距离越近,最早的墓葬就埋葬在居室之下,称为"居室葬"。随着时代发展,从"居室葬"发展为家族、氏族墓地，居址规模越来越大，墓葬及墓地被安排得与居址越来越远，但是所谓"越远"也不过是在族群聚落空间范围之内，而不会置于其外。新石器时代中期开始，墓葬已经置于房屋之外的居址与聚落附近。新石器时代晚期，在聚落之旁已经形成专用的家族或氏族墓地（墓区），这种传统一直延续到近代，近代的大多数农村村民的墓葬，安排在其村庄附近。这与中国古代的"宗法制社会"是一致的，或者说宗法制社会影响着墓地与居址的空间布局形制。

帝王陵墓的墓地选择也是遵循上述原则。百姓"叶落归根"，葬于其故地，帝王以"国"为"家"，都城是国家的"缩影"与"代表"，自然帝王去世要葬于都城附近，陵墓成为其都城的组成部分。

从古代帝王陵墓的考古发现来看，时代越早的帝王陵墓与都城越近，时代越晚的帝王陵墓与都城距离越远。已经考古发现的殷墟商王陵在都城宫殿区西北部2.5千米的"西北岗"，其地势高于殷墟宫殿区的"小屯"一带。洛阳东周王陵分为周山、王城和金村3个陵区。周山位于东周王城西南约5千米处，因东周王陵位于此山而得名。相传这里有周敬王、悼王、定王和灵王的陵墓。王城陵区位居东周王城东北约10千米，汉魏洛阳城北部偏西的金村一带。秦陵包括春秋战国时代秦都雍城和咸阳附近的秦国国君陵墓。秦国国君均葬于今宝鸡市凤翔区尹家务至宝鸡市阳平镇的三畤原上。根据陵园内的兆沟设置，可分为14座分陵园，每座分陵园由数量不等和类型不同的大墓组成。国君陵区与都城雍城隔雍水南北相望。[1] 战国时代中期，秦孝公迁都咸阳，秦王室分别在咸阳城西北与咸阳城东南的芷阳城东建造了王室陵区。咸阳陵区在秦咸阳城西北部，以前古人多认为这里的大墓为"周陵"，20世纪70年代以后考古工作者通过田野考古工作，已经确认那些大墓为战国时代秦王陵。[2] 芷阳陵区位于咸阳以东（或相对雍城先秦秦陵区以东），故名"东陵"，设有东陵侯。东陵区位于今陕西省西安市临潼区斜口乡东南，灞水从其左流过。陵区背山面水，西邻芷阳城，与都城咸阳隔渭水相望。目前共发现四座陵园。[3] 战国时代的田齐王陵位于临淄齐故城东南11.5千米处的临淄齐陵镇和青州东高

---

[1] 参见韩伟、焦南峰：《秦都雍城考古综述》，《考古与文物》1988年第5、6期合刊。

[2] 参见陕西省咸阳地区文物管理委员会编印：《咸阳地区历史文物概况》（内部资料），1973年。刘庆柱、李毓芳：《西汉十一陵》，陕西人民出版社1987年版。刘卫鹏、岳起：《咸阳塬上"秦陵"的发现和确认》，《文物》2008年第4期。

[3] 参见张海云：《芷阳遗址调查简报》，《文博》1985年第3期；陕西省考古研究所、临潼县文管会：《秦东陵第一号陵园勘查记》，《考古与文物》1987年第4期；陕西省考古研究所、临潼县文物管理委员会：《秦东陵第二号陵园调查钻探简报》，《考古与文物》1990年第4期；陕西省考古研究所秦陵工作站：《秦东陵第四号陵园调查钻探简报》，《考古与文物》1993年第3期。

镇、普通镇一带，地处泰沂山脉东北麓。陵区之内的齐王陵中以"四王冢"和"二王冢"最著名，此外还有"田和冢""点将台"与南辛庄古冢。上述5处古陵墓可能分别属于战国时代的5位齐国国君陵墓。[1] 赵王陵主要分布在赵国首都邯郸城西北部约15千米处，即今邯郸市西北的丘陵地带，现在隶属于邯郸市丛台区三陵乡。秦始皇的陵墓位于陕西省西安市临潼区晏寨乡。西汉11座帝陵，9座分布在汉长安城北部的咸阳原上，汉文帝霸陵与汉宣帝杜陵分别位于汉长安城东南部的白鹿原与杜东原之上，咸阳原、白鹿原、杜东原地势均高于汉长安城。[2] 汉魏洛阳城分布在洛阳北邙山之南，而当时的东汉、曹魏、西晋与北朝帝陵均在洛阳北邙原上，如孝文帝太和十八年（494年）迁都洛阳，在北邙山上筑长陵，宣武帝葬景陵、孝明帝葬定陵、孝庄帝葬静陵，这些陵墓左右毗连，形成北魏皇室陵墓区。[3] 东晋定都建康城，即今南京市。东晋11位皇帝的陵寝均在南京附近钟山余脉富贵山南麓与鼓楼岗南麓之九华山，这些帝陵为依山而葬。南朝（420—589年）包括宋、齐、梁、陈四代，先后建都于建康。有遗迹可寻的南朝帝陵有15处，南朝帝陵大多在都城建康城附近，选

1　参见张学海：《田齐六陵考》，《文物》1984年第9期。
2　参见刘庆柱、李毓芳：《西汉十一陵》，陕西人民出版社1987年版。
3　参见刘庆柱、李毓芳：《陵寝史话》，社会科学文献出版社2011年版。

择土山丘陵的半麓。[1] 隋代帝陵在隋朝都城大兴城（今西安市）以西的陕西省武功县。唐长安城北部的关中北山山脉及其南麓，分布着唐十八陵，它们距唐长安城77—108千米。[2] 北宋帝陵在都城开封城（或称"东京城"）西部的嵩山之北、洛河以南，今巩义市芝田镇一带。[3] 西夏，建都兴庆府，即今宁夏银川，西夏王陵位于宁夏银川市西约25千米处贺兰山东麓的洪积扇上。[4] 朱元璋定都南京，他的陵墓明孝陵修建于南京紫金山南麓独龙阜玩珠峰下。明成祖定都北京之后，明代13位皇帝的陵墓均安置在北京市昌平区北10千米的天寿山南麓，南距北京城约50千米。[5] 清东陵位于河北省遵化市马兰峪西的昌瑞山下，陵区北靠雾灵山，南临天台山和烟墩山，东自马兰峪，西至黄花山。清西陵位于河北省易县城西永宁山下。[6] 都城与帝王陵墓二者之间距离越来越远，原因有二：一是都城附近没

---

1 参见朱希祖等：《六朝陵墓调查报告》，线装书局2006年版。
2 参见刘庆柱、李毓芳：《陕西唐陵调查报告》，《考古学集刊》第五集，中国社会科学出版社1987年版。
3 参见河南省文物考古研究所编：《北宋皇陵》，中州古籍出版社1997年版。
4 参见宁夏文物考古研究所、许成、杜玉冰：《西夏陵——中国田野考古报告》，东方出版社1995年版。
5 参见刘毅：《明代帝王陵墓制度研究》，人民出版社2006年版；中国社会科学院考古研究所、定陵博物馆、北京市文物工作队：《定陵》（上下册），文物出版社1990年版。
6 参见晏子有：《清东西陵》，中国青年出版社2000年版。

有足够空间容纳，必须向更为广阔的地带发展；二是后代王朝帝王追求比前朝帝王墓地地势（高程）更高的思想，如西安地区是周、秦、汉、唐四大王朝所在地，根据历史文献记载西周王陵在都城丰镐遗址附近的"毕"，战国时代秦国王陵先在都城咸阳城之旁西北部，而后置于都城东南的芷阳附近高地，秦始皇陵则筑于骊山山麓；西汉帝陵陵区主要在汉长安城北部的咸阳原上，而唐代十八陵就东西排列修筑于北山之南麓，其高程超过西汉帝陵近一倍之多。

　　帝王陵墓的陵区分布如上所述，具体到帝王陵墓"个体"在其陵区之中的陵墓"选址"，在中国古代传统文化中也有着严格的规制。在一些地方的村庄之中的家族祠堂有家谱，家谱按照家族成员的辈分进行排列，也就是所谓的"昭穆"制度，即辈分高的居中、居上，然后按照辈分高低顺序依次排列。祠堂的家谱"供奉"如此，家中的家谱排列亦然。实际上家族、家庭墓地中几代人的排列也是这样。帝王陵墓由于陵区的庞大、时间的久长，不可能一次性规划二三百年不变的"兆域图"。因此我们看到的只是祖孙三代人的"昭穆"排列，甚或两代人的"昭穆"排列。如西汉帝陵陵区之中，汉高祖刘邦陵墓长陵的西侧是其嫡长子惠帝刘盈的安陵，长陵东侧是其嫡孙汉景帝的阳陵。而在祖孙三代中，汉高祖刘邦的另一个儿子汉文帝刘恒则没有埋葬在咸阳原西汉帝陵陵区。究其原因就是"昭穆"制度使然。因为刘邦的嫡长子已经占据"昭位",而汉文帝又不能在刘邦长陵的东侧(穆位),那是汉高祖"孙辈"陵墓位置,汉文帝只好埋葬在咸阳原西汉帝陵陵区之外。这种"昭穆"之制,增加了血缘关系的凝聚力,"家和万事兴","家"是社会的基本"细胞",中国古代历史发展说明,"家""家族"的"稳定"是社会发展的重要基础,是文明传承的有力保障。

第九章 中华文明日用而不觉的文化基因

中华文明发展道路的历史特色，是其在世界文明发展道路上的唯一具有五千多年不断裂的文明史，其不断裂的根本原因主要是中华先民及其后人在中华五千多年历史发展中的祖先认同、家国一体、家国同构、国家认同传统。由此形成的中华文明的内部凝聚力与海纳百川的包容特质，就是中华文明日用而不觉的文化基因。

一、中华文明的内部凝聚力与海纳百川的包容特质

根据中国遗传学最新研究成果，目前中国境内绝大部分人的基因与五六千年前的人群基因相近。从中华姓氏研究看，中国大约在新石器时代晚期已产生姓，是世界上最早出现姓氏的国家。中华儿女自新石器时代晚期以来，一代又一代传承、缔造了五千多年不断裂文明的发展历史。根据《史记·五帝本纪》记载，黄帝是中国最早的国家政治领袖，也是中华民族的祖先，因此说黄帝是中华

人文始祖，几千年来形成了国家祭祀黄帝的悠久历史。如文献记载，春秋时代"秦灵公作吴阳上畤，祭黄帝"。北魏明元帝"使使者以太牢祠黄帝庙"。唐玄宗在唐长安城建帝王庙，祭祀五帝及其他帝王，与此同时，还在上述帝王故地置庙祭祀。明代又恢复了都城之中置帝王庙祭祀黄帝及历代帝王。到了清代北京城的帝王庙已经发展为"中国"的国家宗庙，其包括了黄帝等五帝与历代绝大多数王朝帝王。中国古代历史上各王朝（如中国古代的周边族群建立的王朝：鲜卑族建立的北魏王朝、契丹族建立的辽王朝、女真族建立的金王朝和清王朝、蒙古族建立的元王朝等），不论谁是国家统治者，都把祭祀黄帝作为国家的重大活动。自中华文明形成至今，黄帝已成为世界各地中国人的"第一国父"与"人文始祖"，这在古今世界各国是唯一的，也是中华文明五千多年不断裂的政治与族属认同的基础。

中华五千多年不断裂的文明史，从五帝时代到夏商周王朝，国家统治者大多出自黄河流域中游地区，如《史记》所载，五帝时代的黄帝、颛顼、帝喾、尧、舜与夏商周王朝统治者，被认为属于华夏族群。进入帝国时代，秦汉王朝的国家统治者已经扩展至黄河流域上游与下游等地区，如秦国的国王、秦王朝的皇帝就是从黄河流域上游的甘肃来到关中地区，汉王朝皇室则来自楚地的黄河流域下游丰沛地区。

南北朝时期是中国历史上的民族大融合时代。西晋永嘉之乱以后，北方地区以匈奴、羯族、鲜卑、氐族、羌族为代表的"五胡"进入中原地区。据《魏书·崔鸿传》记载，当时他们建立了十六国，即巴人建立的成汉（亦称"汉"）、匈奴建立的前赵（亦称"汉"）、羯人建立的后赵，慕容鲜卑建立的前燕、西燕、后燕、南燕，氐人建立的前仇池、后凉、前秦，拓跋鲜卑建立的代、南凉，丁零建立的翟魏，羌人建立的后秦，匈奴建立的夏等。这些王朝之名（国名）均为传统中华历史王朝名称的延续。而其王朝都城则多延续以往王朝建都之地，如十六国时期，前赵（匈奴）、前秦（氐族）、后秦（羌族）、西燕等王朝仍然以长安为都，但都城核心区已迁至长安城东北部，这里宫城的形制布局既继承了两汉魏晋以来的宫城制度，又对其有所发展，影响到北朝及其后宫城布局形制变化。如匈奴贵族赫连勃勃，其祖上从汉皇室刘姓。407年，赫连勃勃称"大夏王"，他认为匈奴是夏启的后代，故国号"大夏"。他仿照中原城址结合当地地形特点修建都城——统万城。天兴元年（398年），北魏道武帝拓跋珪从盛乐（今内蒙古和林格尔）迁都平城（今山西大同）。平城由宫城、内城（又称"中城"）与外郭城组成。历史文献记载，鲜卑人营建平城是仿照汉长安城、东汉洛阳城、曹魏邺城、魏晋洛阳城及前赵、前秦都城长安的宫城。而都城构筑外郭城是鲜卑拓跋氏在平城建设中开创的，它在中国古代都城规制发展史上有着极为重要的意义。孝文帝太和十七年（493年）迁都洛阳。通过多年考古工作，北魏洛阳城形制基本究明。北魏洛阳城是在汉魏洛阳城基础之上营建的，新建了外郭城，在其中引进了平城的里坊制，郭城之中设置320个里坊，里坊平面方形，边长500米，周设坊墙，四面辟门，内设"十"字形街道。此制延续至隋唐两京，并影响了古代日本与朝鲜半岛的古代都城。北魏洛阳城的宫城集中化、单一化与宫城位置的居北、居中，在传承、发展中国传统的"中"与"中和"的国家认同核心理念方面对中华五千多年不断裂文明的传承与发展具有极为重要的历史意义。

上述十六国时期的前赵、后赵、前燕、后燕、南燕、北燕、前秦、后秦、西秦等，南北朝时期的北魏、东魏、北齐、西魏、北周等，这些王朝名称均与此前历史上的黄河流域战国时代王朝周（东周）、秦、齐、赵、燕、魏国名称相关，可以发现其王朝名称的"传承"。

作为中国古代历史上的"盛世"——汉唐时代帝王陵墓的陵区之中，陪葬有许多不同族群或域外的著名人物，如匈奴休屠王太子金日䃅，被皇室收入官府，作为奴隶，饲养马匹，由于其忠于职守，先后被任命为马监、驸马都尉、光禄大夫。汉武帝不因金日磾是反对过汉王朝的匈奴首领之子而歧视、疏远他，而因其安全保卫工作出色，封其为侯；武帝去世之后，金日磾与霍光辅佐昭帝；金日磾去世，皇帝为其举行盛大葬礼，"赐葬具冢地，送以轻车介士，军陈至茂陵"，与大将军卫青、霍去病共同陪葬于汉武帝茂陵。唐代是中国古代历史上的盛世，有唐一代帝陵陵园之内显赫位置安置了当时国家周边少数族群蕃酋或蕃民石像，如著名的唐乾陵神道北部显赫位置东西两侧的64尊蕃酋像，唐太宗昭陵北司马门设置的14尊蕃酋像与昭陵六骏。

中华民族的第二个大发展与大融合的历史时期，是中古时代后期的西夏、辽、金、元、清王朝时期，以上王朝的统治者均出身于中原地区以外的少数族群。但是，这些王朝的都城、帝陵选址及其建筑布局形制与相关遗存的考古发现与研究，充分揭示了他们对中华文明核心政治理念的认同。

二、中华文明对外"有容乃大"与"和为贵"

中华文明发展中对外的"有容乃大"与"和为贵"，

主要表现在两方面：域外宗教在中国的发展与中华文明开创的丝绸之路对世界文化交流的贡献。

首先，域外宗教在中国的发展实证中华文明发展道路的"有容乃大"。早在2000多年前，西汉王朝开通了连接世界东西方的丝绸之路，此后汉唐宋元时代，这里活跃着世界历史上著名的琐罗亚斯德教（中国古代称祆教、拜火教）、佛教、摩尼教、景教（基督教）、伊斯兰教和道教六大宗教。它们大多集中于国家都城附近，这些宗教与本土宗教——道教——在中华大地不只是平等发展，而且有的比道教还更受重视，其中尤以佛教从域外传入中国后的发展最为典型。

佛教传入中国伊始，东汉王朝于永平十一年（68年）就在都城洛阳兴建白马寺，它不但是中国第一古刹，还被誉为东亚古代越南、朝鲜、日本的佛教祖庭与释源。其后，北魏皇室又在其都城平城（今大同）营造云冈石窟，北魏孝文帝与唐代武则天在都城洛阳营造了著名的皇家龙门石窟。作为世界文化遗产的"丝绸之路：长安—天山廊道的路网"，在中国境内有22处世界文化遗产点，而其中与佛教文化内容相关的遗产项目有大雁塔、小雁塔、兴教寺塔、彬县大佛寺石窟、麦积山石窟、炳灵寺石窟、克孜尔石窟、苏巴什佛寺遗址，再加上此前已经成为世界文化遗产的敦煌莫高窟、云冈石窟、龙门石窟，中国段佛教

大雁塔

小雁塔

兴教寺三塔

世界文化遗产就有 16 项之多。至于佛教在隋唐两京的寺院之多、在佛教历史上的地位之重要，未有出其右者。佛教至今仍然是中国境内信教徒人数最多的宗教之一。

琐罗亚斯德教流行于两河流域的波斯帝国。据《汉书·西域传》记载，西汉成帝时（前 33—前 7 年），信奉琐罗亚斯德教的粟特人商队已在撒马尔罕至长安的丝绸之路上从事商业活动。从魏晋十六国北朝到隋唐时期，随着大量粟特人来华经商，琐罗亚斯德教传入中国，其中有些粟特人教徒甚至成为当时王朝的统治者，如后赵（319—351 年）统治者在都城（邺城）还营建了琐罗亚斯德教（祆教）的"祆祠"。信奉琐罗亚斯德教的北周时期的粟特人安伽出任"同州萨保"、虞弘任北周"检校萨保府"等官员。考古发现了中国境内很多粟特人的遗存，如西安安伽墓、康业墓、史君墓，太原虞弘墓、天水琐罗亚斯德教徒墓、新疆库车龟兹故城琐罗亚斯德教墓等。在中国境内考古发现，古代琐罗亚斯德教遗址主要分布在西北地区，如新疆疏勒、于阗、吐峪沟遗址，甘肃敦煌、常乐遗址，宁夏灵州、夏州。此外，在内陆河南洛阳、安阳，河北恒州、定州、幽州、邺城等地也有重要的琐罗亚斯德教相关遗址分布。与琐罗亚斯德教相关的遗物有新疆吐鲁番鄯善县出土文书、河南延津出土宋代神庙石幢、河北正定佛寺遗址出土所谓琐罗亚斯德教陶模等。

　　景教于6世纪进入洛阳，唐代正式传入中国。唐代都城长安义宁坊大秦寺中所立"大秦景教流行中国碑"，现存西安碑林博物馆。据《唐会要》记载，天宝四年（745年），波斯寺改名大秦寺，这一活动涉及"天下诸府郡"。可见大秦寺在当时中国各地分布之广、数量之多。古代景教的遗存在中国各地多有考古发现，如河南洛阳龙门石窟西山发现有清晰十字架图案的唐代景教墓葬遗迹，洛阳发现814年的景教经幢，新疆吐鲁番葡萄沟发现景教遗址，吐鲁番高昌故城发现9—10世纪的景教寺院遗址，1908年伯希和在敦煌发现景教写本《景教三威蒙度赞》，北京房山发现十字寺（景教寺）建筑遗存，江苏扬州发现1317年的景教徒墓石，新疆霍城出土了景教徒墓碑。《马可·波罗行记》记载，元代在甘肃、北京、镇江、杭州、泉州、云南等地均有景教徒活动。

摩尼教在唐代以前从中亚传入中国境内，大历三年（768年），唐王朝在都城长安为摩尼教建立了大云光明寺，继之又在当时的荆州、扬州、洪州、越州等地建立摩尼教的大云光明寺。摩尼教遗存在中国境内已经有多处考古发现，如在今新疆高昌故城发现建于640—850年的寺院遗址，同期还有吐峪沟遗址、柏孜克里克遗址、高昌胜金口石窟（850—1000年），泉州晋江草庵寺内曾发现元代与摩尼教相关的遗迹与遗物。

960年，有20万帐突厥人接受了伊斯兰教，伊斯兰教从此开始在中国西北地区流行。西安清真大寺（又名"化觉巷清真寺""东大寺"）是内地重要的清真寺。在中国古代东南沿海港口遗址考古调查中，发现大量阿拉伯商人聚居遗址及其附近的清真寺遗址，著名的有7世纪建于广州的怀圣寺、1009年建于泉州市鲤城区涂门街的清净寺与13世纪建于泉州的伊斯兰"圣墓"（又名"灵山圣墓"）、13世纪建于杭州的凤凰寺（又名"真教寺"）、位于扬州南门街的仙鹤寺（1265—1274年）等，在上述地区附近还发现有移居中国的穆斯林的墓地。

除了上述六大宗教之外,印度教遗存也在中国境内被发现,如建于 6—7 世纪的新疆阿克苏地区拜城县克孜尔石窟中的印度教遗迹、建于 9—13 世纪的云南大理剑川石窟印度教遗迹与建于 10—14 世纪的泉州印度教石刻遗迹等。上述域外宗教在中国的大量存在与发展,在世界古代各大文明古国中属于特例,这又恰恰反映了中华文明"有容乃大"的特质。

其次,从丝绸之路看中华文明的"和为贵"。公元前 138 年,汉武帝派遣张骞出使西域,开启了德国地理学家李希霍芬所称的"丝绸之路",它早于大航海时代 1600 多年。丝绸之路是中国境内各民族的和合之路,也是世界古代史上不同国家、不同地区在"和合"理念之下的文化交流活动之路,是中国走向世界之路,更是世界走进中国之路。

西方地理学家称誉大航海开启了人类的地理大发现,是世界史上的辉煌。历史发展的事实告诉人们,大航海带给世界史的是殖民时代!大航海时代留下的是随之而来的殖民掠夺、非洲黑奴贩运历史,亚洲、非洲和拉丁美洲许多国家,从此逐渐沦为殖民地或半殖民地,残酷的殖民掠夺给这些地区的人民带来巨大灾难。美洲著名的古代玛雅文明与印加文明被西方文明的殖民者所灭绝。对此,马克思曾经尖锐指出:"美洲金银产地的发现,土著居民的被剿灭、被奴役和被埋葬于矿井,对东印度开始进行的征服和掠夺,非洲变成商业性地猎获黑人的场所——这一切标志着资本主义生产时代的曙光。"[1] 这也正是西方文明自诩的"大航海时代"的特色!

对于大航海时代及其带来的工业革命历史,西方当代考古学家布鲁斯·G.特里格提出:"大批中产阶级群体,他们的经济和政治权力由于工业革命的缘故而得到加强,并很乐意视自己是进步运动的参与者,而这种进步是人类的本性,也许在更一般的意义上是整个宇宙真正的性质。欧裔美国人很乐意分享这种乐观看法,但是他们不想将此观点延伸到土著人身上,他们正在攫取这些土著人的土地。对于他们而言,土著人是一个例外,由于生物学上的卑微而无法参与到进步过程中来,这种天意使得欧洲人不管生活在世界何地都高人一等。这些极不协调的、有关欧洲人和非欧洲人的不同观点很快就结合到一种有力的国际综述中去。"[2] 布鲁斯·G.特里格上述关于西方文明的观点分析得十分深刻,是颇具现实意义的科学论断!因此,张光直认为:"他(布鲁斯·G.特里格——引者注)在美国

---

1 马克思:《资本论(纪念版)》第一卷,人民出版社2018年版,第860—861页。
2 [加拿大]布鲁斯·G.特里格:《考古学思想史(第2版)》,陈淳译,中国人民大学出版社2010年版,第130页。

考古学理论界一直占有一席非常令人重视的地位。他为人重视的一个主要原因，便是他不仅有精深的见解，而且持论公平，不属于哪门哪派，对当代各种新旧说法都能客观地做正面、反面的检讨和批评、整理。"[1]

与西方大航海历史形成鲜明对比的，是两千多年前中华文明开创的丝绸之路，是中华文明历史传统的"中和"核心价值，以及其为古代世界奉献的"和合"新思想、"和为贵"新理念！

三、中华文明的"中"与"中和"文化基因下的"家国同构"与国家认同

"中"与"中和"之所以能够使中华文明成为自古延续至今、从未中断的文明，是因为其植根于物化载体上的家国同构形式，如民居的四合院之堂屋相对东西两侧厢房处于中位；家中全家福照片与家宴的座位图则是家庭长

---

[1] ［加拿大］布鲁斯·G.特里格：《时间与传统》，陈淳译，中国人民大学出版社2011年版，序言第4—5页。

者（当家人）居中，其他人在其两侧或周围……上述那些形而下的现象，发展到形而上的家国一体精神、上升并固化为国家认同的中华民族的根与魂，就是数千年来形成的"中华民族日用而不觉"的"中"与"中和"之文化基因。中国古代先哲又将"中"与"中和"文化基因上升至哲学层面，如《左传·成公十三年》曰："民受天地之中以生，所谓命也。"《道德经》第五章曰："多言数穷，不如守中。"《礼记·中庸》曰："中也者，天下之大本也。和也者，天下之达道也。致中和，天地位焉，万物育焉。"宋人司马光云："致中和，天地位焉，万物育焉。言帝王中和之化行，则阴阳和，动植之类蕃，非为一身除病也。夫和者，大则天地，中则帝王，下则匹夫，细则昆虫草木，皆不可须臾离者也。"可以说，"中"与"中和"是中华文明发展道路的文化基因！

（一）"民居"之"中"与"中和"

著名科技史学家李约瑟认为，中国古代"不论是在那些壮观的神庙和宫殿建筑中，还是在那些或如农宅一样分散或如城市一样聚集的民间建筑中，都存在着一种始终如一的秩序图式和有关方位、季节、风向和星象的象征意义"[1]。

1. 汉代民居

两汉南北朝时期宅院一般是"前堂"与"后室"布局，它们与宫城之中的"前朝后寝"意义基本相近。在"前堂"与"后室"两侧为"房"，也就是后代的厢房。河南内黄三杨庄的西汉聚落遗址中的宅院遗址，是当时人们实际使用的居住宅院。以第三处宅院为例：这是一座两进院子的建筑，坐北朝南，第一进院子有南门，院子南部有厢房。第二进院子北部为正房。[2]

2. 中古民居

唐代住宅从山西长治唐王休泰墓出土明器住宅规制来看，应该属于当时的"中型"民居，有三进院子，第一进院子，住宅最南为宅院正门（南门），门内置一影壁，影壁北对正房，正房与正门东西两侧为厢房。第二进院子的主体房屋在正房之北，院子东西两侧为厢房。第三进院子只有北部房屋，属于"后院"。[3]

宋代宅院由正门（南门）与北部的正房（或称厅堂）

---

[1] 李约瑟原著、柯林·罗南改编：《中华科学文明史》第五卷，上海交通大学科学史系译，上海人民出版社2003年版，第45页。
[2] 河南省文物考古研究所、内黄县文物保护管理所：《河南内黄县三杨庄汉代庭院遗址》，《考古》2004年第7期。
[3] 山西省文物管理委员会晋东南文物工作组：《山西长治唐王休泰墓》，《考古》1965年第8期。

形成南北向轴线，正房之后为"花园"。正房与正门之间形成庭院，其东西两侧为厢房。有的宅院由多重院子组成，尽管达官显贵的宅院"庭院深深深几许"，但是宅院的中轴线不变，辅助建筑（东西厢房）在中轴线东西两侧的规制不变。

3. 近代民居

近代一些民居，如四合院的房屋布局，一般四合院的方向坐北朝南，正房是院落"主体"建筑，位于院落东西居中，安排在院落北部中间，其东西两侧为厢房，院子正门为南门。正房为家长或家庭中辈分最高的老人使用，厢房为家中的晚辈居住。"家"与"家居"（院落）的这种布局，一方面反映了中国人"尊老""敬长"的文化传统，另一方面也说明了作为社会单元的家庭之中"当家人"，在家庭中的权威、核心地位。

4. 少数民族地区民居

上述民居建筑布局，不只是在内地民居中流行，就是在少数民族地区也不鲜见，当时一些周边地区的族群也在使用四合院居住形式，如吉林满族、宁夏回族民居的四合院。从时间上说，近现代的民居四合院如此，古代的四合院也是这样。北京四合院是四合院式民居的典型代表，其特点是坐北朝南，四合院以南北向中轴线对称安置房屋与院落，院子的正门设在南院墙中部，正对正房，院子两侧为厢房。

除了大量四合院式民居之外，还有高等级达官显贵的居住院落，它们的建筑布局形制仍然可以说是四合院，但是这些院子更与都城之宫城布局形制接近。如北京恭王府院落就是这方面的典型，其院落东西分为东、中、西三部分，中部前面是正门与正殿、后殿，东西两侧是配殿，后面是宫苑[1]。

住宅在古代中国不仅仅是作为"建筑"，它还有着更为深层的社会与政治意义。《唐六典》记载："凡宫室之制，自天子至士庶，各有等差。"然而，宅邸不管从士庶到王室与皇室，它们又遵守着一个共同的规制，即"中"与"和"的理念。"中"在物质文化层面则表现为主体建筑居于建筑群的"中心"位置，附属建筑则在主体建筑的两侧或后面。从历代一般士庶宅院布局规制可以看出，其正门与正房（堂屋）均位居宅院的"中"位，也就是"尊"位。这种宅院之"家"物化理念，与"国"是一致的。

---

[1] 孙大章主编：《中国古代建筑史·第五卷·清代建筑》，中国建筑工业出版社2002年版。

（二）百姓生活习俗之"中"与"中和"

1. 家庭聚餐

"家宴"与"家宅"的"空间"安排，体现了中华五千多年不断裂文明的"中"与"和"的辩证统一思想，比如在家庭聚餐时，凡是坐在中间位置的，通常都是家里辈分最高的，这体现了中国古代家庭之内的"长幼有序"。维持这种"社会秩序"的基点是"孝"。

2. 全家福合影

家庭要拍照"全家福"，摄影师要将全家辈分最高的老者（或"当家的"）安排在前排中间，其他成年人按照辈分高低依次左右、前后排列。

"国"是由千千万万个"家"组成的，宅是"家"的空间平台，"国"的平台缩影就是"都城"。中国古代"择中建都""择中建宫""大朝正殿居中"等规划设计原则，与家之宅的设计规制理念基本是一致的，它体现了代表国家的都城、宫城、大朝正殿至高无上理念，反映了"中"对"东西南北"四方的"和"，以及"东西南北"对"中"之"忠"的理念，这也就是中华五千多年不断裂文明史上的对"家"之孝、对"国"之"忠"的"家国"理念。当然，作为现代中国而言，对"家"之孝就是孝敬父母，对"国"之"忠"就是"爱国"。因此在中国文化中，有所谓"国破家亡"之说，"祖国"为"母亲"之喻。这种"家国"理念成为中华五千多年不断裂文明的重要内涵。

第十章

中华文明『突出特性』与『两个结合』阐释

2023年6月2日，习近平总书记在文化传承发展座谈会上提出，"中华优秀传统文化有很多重要元素"，它们"共同塑造出中华文明的突出特性"，它们分别为中华文明的"连续性""创新性""统一性""包容性"与"和平性"。[1]"中华文明"的"突出特性"是相对世界其他文明而言的。"文明"一词，恩格斯在《家庭、私有制和国家的起源》一书中指出："国家是文明社会的概括。"因此，"中华文明"的"突出特性"就是"中国"的"突出特性"。

一、中华文明的"连续性"

　　中华文明相对世界其他古代文明而言，其最突出的特性就是中国历史的"连续性"，即我们通常所说的"中华五千多年不断裂文明"，这是世界其他所有古代"文明"

---

[1] 习近平：《在文化传承发展座谈会上的讲话》，《求是》2023年第17期。

都不具备的，是中华文明所特有的"突出特点"。如世界主要古代文明中的两河流域文明、尼罗河古埃及文明、印度文明以及玛雅文明与印加文明，它们均为"断裂文明"。目前西方世界所说的"西方文明"来自希腊文明与罗马文明，其源头是西亚两河流域文明与北非尼罗河古埃及文明。其中古埃及早在公元前525年成为波斯帝国的一个行省，此后1000多年间相继被希腊、罗马征服，640年之后被阿拉伯人征服，从此成为阿拉伯帝国的一个行省，阿拉伯文化成为当地主导文化。476年西罗马帝国被日耳曼人灭亡，宣告西方以希腊、罗马为代表的"古典时代"结束，形成世界史上的"罗马之后再无罗马"。古印度文明由于雅利安人入侵而走向衰亡，其后又被伊斯兰文明所取代。波斯文明是在西亚两河流域文明与南亚次大陆印度文明之下形成的文明，为6世纪的伊斯兰文明所推翻。除了中华文明之外，两河流域文明、古埃及文明、南亚次大陆印度文明均被6世纪的伊斯兰文明所取代。关于美洲的玛雅文明与印加文明，因15世纪至16世纪初为西方称誉的"大航海时代"或"地理大发现"，而最终消亡。因此世界东方的中华文明成为世界文明史上唯一"五千多年不断裂文明"，这也就形成中华文明所具有的突出"连续性"。

五千多年不断裂文明的突出"连续性"体现在"文明"构成主要因素的"国家""国民"与"国土"上，从

"古国"到"王国",再至当代,缔造中华文明之"国民"一代又一代在这片五千多年不变的"国土"上生生不息。

中华文明的"国家"历史呈现"不断裂"的"连续性"。从《史记》至《明史》与上古历史文献等记载,还有相关考古发现出土的甲骨文、金文、简牍、封泥等文献,以及更为重要的五千多年来的中华文明主要"都城"等遗址的物化载体的考古发现,佐证了中华五千多年不断裂的文明史。缔造这一"文明"的"国民"则均为"炎黄子孙"。

中华文明的"国民"一脉相承则反映在考古学揭示的中国历史有着"百万年的人类史""一万年的文化史""五千多年的文明史"。而对于这些历史的主人研究证实,中国旧石器文化在整个更新世于华夏的腹地表现为连续、稳定的发展与演化,从未发生过明显的类型和技术的飞跃、中断和替代。这为中国古人类连续演化、中国现代人类本土起源的理论提供了考古学和文化上的支持。

二、中华文明"创新性"及其"连续性"的关系

中华文明在世界古代文明发展史中之所以能够形成五千多年文明历史发展的"连续性",重要原因之一是中华文明所具有的突出"创新性"。从社会历史发展的哲学层面来讲,社会发展就是对其以前社会历史的"不合理"部分的"否定",而"否定"不适应社会发展的事务及"阻力",探索出新的历史前进动力,这就是"创新"。这里所说的中华文明"创新性"主要包括国家政治文化与物质文化两方面,就"国家"而言,其政治文化尤为重要,而将其置于世界文明发展史上进行比较,可以清晰地看到中华文明"创新性"的突出特点及"与众不同"之处。

考古学研究的中华文明"创新性"内容的"政治文化"物化载体中,以"都城"最为重要,因为都城是国家的"政治与文化之标征"。如都城选址的"择中建都",从五帝时代、夏商周、秦汉魏晋到唐宋元明清,历代国家都城均遵守这一原则。《史记》记载,黄帝定都的"有熊

国",据相关历史文献分析,应位于今河南新郑[1]。

20世纪末,在山西襄汾陶寺遗址考古发现距今4300—4100年的城址,城址长1800米左右、宽1500米左右,总面积约280万平方米,这是同一时期中原地区发现的规模最大、等级最高的都邑城址,根据其位置、规模和考古发现遗迹与遗物等资料,陶寺城址很可能就是文献中记载的"尧都平阳"[2]。根据出土的战国时代竹简清华简《保训》篇记载,虞舜都城在"鬲茅",即文献记载的"历山"。商汤六世祖上甲微为大禹寻找的夏王国建都之地是"嵩山"。半个多世纪以来,在"大嵩山"地区考古发

---

[1] 参见《舆地志》云:"涿鹿本名彭城,黄帝初都,迁有熊也。"皇甫谧曰:黄帝"受国于有熊"。"有熊,今河南新郑是也。"见《史记》,中华书局1959年版,第2、10页。

[2] 参见中国社会科学院考古研究所山西队、山西省考古研究所、山西省临汾市文物局:《山西襄汾县陶寺城址发现陶寺文化大型建筑基址》,《考古》2004年第2期;中国社会科学院考古研究所山西队、山西省考古研究所、临汾市文物局:《山西襄汾县陶寺城址祭祀区大型建筑基址2003年发掘简报》,《考古》2004年第7期;中国社会科学院考古研究所山西队、山西省考古研究所、临汾市文物局:《山西襄汾陶寺城址2002年发掘报告》,《考古学报》2005年第3期;王震中:《中国文明起源的比较研究(增订本)》,中国社会科学出版社2013年版,第308—322页;何驽:《尧都何在?——陶寺城址发现的考古指证》,《史志学刊》2015年第2期。

现了登封王城岗城址[1]、新密新砦城址[2]、二里头城址[3]等，夏代早中晚期都城遗址，以及商代的郑州商城遗址[4]、偃师商城[5]及安阳的洹北商城[6]、殷墟等城址[7]。关于商代都邑居中而建，《诗经·商颂·殷武》记载："商邑翼翼，四方之极。"郑玄《笺》说："极，中也。""乃四方之中正也。"林义光《通解》说："商邑，亳也，居九州之正中，故曰四方之极。"[8]

---

[1] 参见河南省文物研究所、中国历史博物馆考古部：《登封王城岗与阳城》，文物出版社1992年版；北京大学考古文博学院、河南省文物考古研究所：《登封王城岗考古发现与研究（2002～2005）》（上），大象出版社2007年版。

[2] 参见北京大学震旦古代文明研究中心、郑州市文物考古研究院：《新密新砦——1999～2000年田野考古发掘报告》，文物出版社2008年版。

[3] 参见中国社会科学院考古研究所编著：《偃师二里头1959年～1978年考古发掘报告》，中国大百科全书出版社1999年版；中国社会科学院考古研究所编著：《二里头：1999～2006》（全五册），文物出版社2014年版。

[4] 参见河南省文物考古研究所编著：《郑州商城——1953～1985年考古发掘报告》（全三册），文物出版社2001年版。

[5] 参见中国社会科学院考古研究所编著：《偃师商城（第一卷）》（上下册），科学出版社2013年版。

[6] 参见中国社会科学院考古研究所安阳工作队：《河南安阳市洹北商城的勘察与试掘》，《考古》2003年第5期；中国社会科学院考古研究所安阳工作队、中加洹河流域区域考古调查课题组：《河南安阳市洹北商城遗址2005～2007年勘察简报》，《考古》2010年第1期。

[7] 参见中国社会科学院考古研究所编著：《殷墟的发现与研究》，科学出版社1994年版；夏商周断代工程专家组编著：《夏商周断代工程报告》，科学出版社2022年版，第186—248页。

[8] 冯时：《文明以止：上古的天文、思想与制度》，中国社会科学出版社2018年版，第198—199页。

武王灭商后不久去世，文献记载："周公摄政，一年救乱，二年克殷，三年践奄，四年建侯卫，五年营成周，六年制礼作乐，七年致政成王。"[1] 1963年，陕西宝鸡发现的西周早期青铜器何尊铭文"宅兹中或（国）"与周公"营成周"成为"中国"（西周都城）于"天下之中"的历史文献记载相符合，形成出土文物与文献的双重互补[2]。至于周公建都洛邑的原因，文献记载："当周公之摄政，既以洛水之地居天下之中，四方诸侯之朝觐、贡赋道理为均，故建以为都，以居九鼎而朝诸侯于此矣。当其营洛也，召公先至于洛而卜之，既得吉卜，则经营以攻其位。"[3] 西周王朝，确认并实践了国家都城选址于"土中"[4]。

自秦汉至唐宋，大一统王朝的都城基本在黄河流域中游的"大中原"之长安、洛阳与开封东西一线，继承、发展了夏商以来的"择中建都"原则，中华五千多年不断裂文明的4200年的政治中心就在这里，这也佐证了黄河文化是中华民族文化的"根"与"魂"[5]。金朝徙都燕京，在

---

1 《尚书大传·洛诰传》，《景印文渊阁四库全书》第68册，台湾商务印书馆1986年版，第411页。
2 参见马承源：《何尊铭文初释》，《文物》1976年第1期。
3 《尚书全解·周官》，《景印文渊阁四库全书》第55册，台湾商务印书馆1986年版，第723页。
4 参见《太平御览》，中华书局1960年版，第753页。
5 参见刘庆柱：《黄河文化：中华民族文化的"根"与"魂"的解读》，《黄河黄土黄种人·水与中国》2020年第9期。

金人看来,"燕京乃天地之中",因此当时国家最高统治者认为定都燕京是"以应天地之中"的传统中华政治文化的"择中建都"。金中都的都城选址,开启了中国古代元朝与明清两朝中华文化政治上定都北京之先河。故金朝在燕京的都城名为"中都",元朝时"中都"更名为"大都"。

都城创新性从"择中建都",到"择中建宫"、宫城之"择中建殿",及都城城门"一门三道"至"一门五道"、城内道路"一道三涂"等中得以体现。这里"三道""五道"与"三涂","三"与"五"均为奇数,这正是为了突出其"中"的理念。这里门道与道路的"分枝"数字均为奇数,而奇数数字越大,凸显奇数的物化载体越重要,如中国人视域中的"天"与"地"的奇数分别为"九"与"五",古人称谓天地乃"九五"之尊,"地"的"人格化"就是"国王"与"皇帝",其数字的标征是"五",当然在"礼器"的使用上,有时也使用"九",如"九鼎"的礼器使用只能限于"帝王"。上述都城城门门道由一条"门道"发展为"一门三道"至"一门五道",与都城之道路"一道三涂"这些"创新性"门道、道路形制、数量变化及都城选址"择中"理念等,无疑显示了"国家"至上理念的强化。而这些都城及其城门、道路规制的变化,在世界文明史上其他古代文明都城同类建筑中尚未见过，这也成为中华文明的政治方面"突出特性"的物化载体表现之一。

至于东西方古代文明对比研究中，中华文明从夏商周"三代"的"血缘政治"的"五服制"国家空间管理，到秦汉至明清时期的"郡县制"的"地缘政治"的国家管理体制，无疑是中华文明对世界文明的"中华文明"贡献，而且这一地缘政治的国家空间行政管理模式，一直影响着当今世界许多国家。

中华文明的"文官政治"在考古中已多有反映，而"文明"（即国家）的"文官政治"无疑是"中华文明"突出特性中至关重要的方面，因为它是标征中华文明"和平性"的政治基础，也是中华汉唐文明对于世界文明的重要贡献。如在二十四史关于职官的记载中，丞相在"将军"之前、之上。在考古发现中，唐代及其以后古代帝王陵墓（从唐玄宗泰陵开始）之前神道石像生中的"文官"与"将军"的分布位置[1]，以及宋陵、明孝陵、明十三陵[2]的石像生文官与武将排列位置均为文官居东、武将位西，其中"东"为"上"，"西"为"下"，这昭示文官较武将

---

1 参见刘庆柱、李毓芳：《陕西唐陵调查报告》，《考古学集刊》第五集，中国社会科学出版社1987年版，第216—226页。
2 参见刘毅：《中国古代陵墓》，南开大学出版社2010年版，第115—158页。

的"地位"高。在古代帝王陵墓的皇帝陵陪葬墓中，文官陪葬墓也是距离帝陵最近的，如汉高祖长陵最近的陪葬墓是丞相萧何与韩信的墓。[1] 在唐太宗李世民昭陵的数以百计的陪葬墓之中，魏徵墓是距昭陵最近的陪葬墓，而其他武将之墓距唐太宗李世民陵墓则较远。[2] 帝陵陪葬墓的远近也折射出了他们生前在皇帝面前地位的高低。这些应该是中华文明的"文官政治"的考古学物证。

与秦汉文明或汉唐文明时代相近的是古罗马文明。古罗马是战争立国，把战火从欧洲烧到北非、西亚，因此历史学家指出"罗马之后再无罗马"，而"中华之后还是中华"。诚如潘岳指出的，"在'文治'方面，中华文明领先于整个古代世界。即便认为'罗马自治'更优越的芬纳，也不得不承认'汉帝国不同于它前后的其他国家与帝国，特别是罗马，它蔑视军事荣耀。它是一个衷心地反对军国主义的帝国。它的特点在于"教化"，也就是中国人所说的"文"。这种宗教上的宽容（也许只是漠不关心）以及对文明教化的倡导构成了帝国的光荣理想'"[3]。

---

[1] 参见刘庆柱、李毓芳：《西汉十一陵》，陕西人民出版社1987年版，第11—15页。
[2] 参见刘庆柱、李毓芳：《陕西唐陵调查报告》，《考古学集刊》第五集，中国社会科学出版社1987年版，第220页。
[3] 潘岳：《中西文明根性比较》，新世界出版社2022年版，第245页。

三、中华文明的"统一性"

中华五千多年不断裂文明的重要保证是其文明的"统一性"政治哲学理念,即"家国同构"与"国家认同",其"物化表现"是"人文始祖"崇拜与"帝王庙"设置。

世界文明史中的"世界古代文明"包括西亚两河流域古文明、北非尼罗河流域埃及古文明、印度河与恒河流域南亚次大陆印度古文明和东亚中华文明四大文明。"古典文明时代"的古希腊文明,被称为现代西方文明的源头,然而古希腊文明并不是原生文明,而是源自西亚两河流域文明与古埃及文明的混合"文明"。其后古希腊文明在公元前800年进入城邦时代,荷马史诗记载希腊半岛上有着99个"小国寡民"的"国家"。其后马其顿结束希腊城邦时代,而亚历山大征服希腊,古希腊文明在亚历山大之后被罗马征服,成为罗马帝国的一部分。波斯文明是在西亚两河流域文明与古埃及文明、古印度文明基础之上形成的。上述两河流域古文明、埃及古文明与印度古文明,其"文明史"之所以"断裂",就是因为其文明的"统一性"缺失。与中华文明比较,这些文明不同时代、不同地区的后继者及其"族属"没有一个"共同的'祖先'",这与具有共同"人文始祖"黄帝的中华文明是完全不同的。作为一个有着五千多年不断裂文明史的统一的多民族国家，具有这样的突出特性，在世界文明史上是独一无二的。

在中华五千多年不断裂文明发展史上，所有不同时期的"统一"国家政体，均认同"黄帝"为中华民族的"祖先"，只有这样，政体才具有历史的"合法性"，才能进入国家"宗庙"——"帝王庙"，这是中华优秀传统文化的重要组成部分。这一历史文化传统，成为中华文明的"突出特性"。这也是中华文明历史生命力的重要保证。

"帝王庙"确保了国家"统一性"的至高无上，而"人文始祖"黄帝的"家国同构"与"国家认同"，使两千多年前提出的这一体现"大一统"的哲学理念，成为中华文明永续发展的"金科玉律"。

中华文明是中华大地上众多民族的共同"文明"，他们有着"统一"的祖先——黄帝，有着"统一"的"国家"，因此在中华文明发展史上，不论是中华民族中哪个民族成为中华文明的国家管理者，他们在认同黄帝是中华民族共同"人文始祖"的同时，也都将"统一性"视为国家、国民必须遵守的第一政治文化原则。

中华文明突出特性的"统一性"还体现在不同民族建立的不同王朝名称"核心"的历史延续性，及其折射出的政治文化的"统一性"与"传承性"。南北朝时期一些少数民族建立的区域性政体，如鲜卑人在洛阳建立的"北魏"王朝，西南地区巴人李雄建立的"成汉"，匈奴人刘渊建立的"前赵"，羯人石勒建立的"后赵"，鲜卑人慕容皝建立的"前燕"，氐人杨茂搜建立的"仇池"，鲜卑人拓跋猗卢建立的"代"，氐人苻健建立的"前秦"，鲜卑人慕容冲建立的"西燕"，丁零人翟辽建立的"翟魏"，羌人姚苌建立的"后秦"，匈奴人赫连勃勃建立的"夏"，氐人杨定建立的"后仇池"等。历史上十六国时期少数族群所建立的地方政权，其王朝之名"汉""魏""赵""燕""秦""夏"等，大都是战国时代曾经使用过的"王朝"旧名，它们反映了这些少数族群政治家对中华文明历史的"认同"，而这也是其政治上维护"统一性"与"正统性"的反映。世界文明史上由多民族组成的国家中，没有其他类似现象。因此，著名英国学者汤因比认为："就中国人来说，几千年来，比世界任何民族都成功地把几亿民众，从政治文化上团结起来。他们显示出这种在政治、文化上统一的本领，具有无与伦比的成功经验。"

四、中华文明的"包容性"

从"世界文明史"来看,中华文明的"包容性"主要反映在多民族、多宗教与国际活动等方面。

在世界文明史中,以希腊、罗马古代文明为代表的"西方文明",均属于城邦国家,多为单一民族,因此国家之内的民族问题并不突出。而作为多民族文明组成的中华文明,其特性中的"包容性"在民族问题上则显得十分突出与重要。根据近年来中国分子生物学研究成果显示,"有着共同的文化和语言的汉族,人口超过了十一亿六千万(2000年人口统计),无疑是全世界最大的民族"[1]。复旦大学金力院士、李辉教授根据近年来考古学、分子人类学的研究指出:"在距今5000~6000年,华夏族从汉藏语系群体中分化出来集居在黄河中上游盆地,这就是汉族前身。"[2]

中华五千多年不断裂的文明史,其大一统时期的王朝

---

1 金力、李辉、文波:《遗传学证实汉文化的扩散源于人口的扩张》,《自然》2004年第431卷,第302—304页。
2 李辉、金力:《Y染色体与东亚族群演化》,上海科学技术出版社2015年版,第120页。

如夏商周、秦汉魏晋与南北朝，隋唐宋辽金元与明清王朝，既有中原地区汉族人建立的政权，也有少数民族政治家建立的王朝，如鲜卑人建立的北魏、女真人建立的金、满族人建立的清等。

汉唐时期，还有不少少数民族官员担任国家要职。如西汉时期汉武帝将匈奴休屠王之子任命为"侍中驸马都尉光禄大夫"[1]，成为自己最信任的官员之一。唐朝时，更有来自各地的少数民族及外国人供职于唐朝中央政府，有的还身居要职，长期留居长安。我国边远地区少数民族中，以突厥、吐蕃、靺鞨和鲜卑的人供职于唐朝中央政府的较多。如初唐的史大奈、阿史那社尒、阿史那忠、俾失十囊、靺鞨酋长之后李多祚、鲜卑人尚可孤。外国人在长安为官者，有波斯、天竺、日本、高丽、大食等国的人，其中以波斯人最多。波斯国大酋长阿罗喊，高宗时被封为右屯卫将军、上柱国、金城郡开国公，侍卫皇宫。波斯首领穆诺沙，玄宗时被封为折冲都尉，宿卫京师。波斯人李元谅（即骆元光），长期担任皇室宿卫的要职。他曾与李晟为收复京师长安、消灭朱泚叛军，立下汗马功劳，被皇帝任命为尚书左仆射，并在长安被赐予宅第。波斯人后裔安

---

[1] 班固：《汉书》卷六十八《霍光金日䃅传》，中华书局1962年版，第2960页。

附国，被封为右成卫大将军，死于京师，埋葬于长安。天竺人迦叶济、罗好心，高丽人泉男生，日本人阿倍仲麻吕等，都曾在长安供职。特别是阿倍仲麻吕，随日本遣唐使团来长安留学，学成后留居长安50余年，与中国诗人王维、李白等结下了深厚友情，成为中日文化友好关系史上的佳话。[1]

中国古代历史上，不同王朝的统治者由不同民族政治家担任，传承"中华不断裂文明"，甚至国家政府官员也对"外国人"表现出"开放"与"接纳"态度，这在世界文明史上也属罕见。它凸显了中华文明的包容性不只限于本国的各民族的国民，还包括不同国家的国民，这更凸显了中华文明在世界文明史上的政治"包容性"，而这也正是中华文明的突出特点。

在人类历史上，宗教是个非常复杂的问题，西方文明历史发展中，宗教更是极为重大、极为重要的问题。宗教问题之所以重要，是因为在世界文明史中，多数"文明"是具有"排他性"的。西方大多数国家只有一个宗教，历史上多宗教并存的国家，中国是极为罕见的一个，或者说是世界六大文明中唯一的一个。中华文明对各种宗教的"包容性"凸显了中华文明的"有容乃大"的特质。

---

[1] 刘庆柱：《地下长安》，中华书局2016年版，第381—384页。

西汉时期，张骞出使西域，开辟了具有世界历史意义的丝绸之路，从而使中国走向世界，世界走进中国。世界各地的主要宗教相继传入中国，如琐罗亚斯德教（即祆教、拜火教）、佛教、摩尼教、景教（基督教）、伊斯兰教等，这些外来宗教以及中国本土的道教，在中华大地上相互包容，和谐共存。反观西方文明史上发生的影响深远、刻骨铭心的"宗教战争"，那里的"文明"之下的宗教战争与"西方文明"多么不合拍！

中华文明的"包容性"支撑了中华文明的"连续性"，造就了中华民族共同体意识。中华文明虽然是多民族共同缔造的，但是有着共同的"祖宗"——黄帝。黄帝作为中华民族的"人文始祖"，通过其与世界其他文明不同的"包容性"，形成了五千多年不断裂的中华文明。

五、中华文明的"和平性"

就世界文明史而言，西亚两河流域文明、北非尼罗河埃及古文明、南亚次大陆印度古文明、中华文明这四大文明中，"和平性"是中华文明在四大文明中的最重要特性，也是最突出特性。它主要表现在中华五千多年不断裂文明历史中国家管理的"文官政治"、民族关系的"和亲政策"与"文明互鉴"的"丝绸之路"及"海上丝绸之路"。

不同"文明"中的国家管理与对外政策,"文官政治"表现在中华文明的"文官"地位高于"武将"(或称"将军"),从历史文献职官表中可以清楚地看到,文武官员排序明显反映出文官在前、武将居后的特征。在帝王陵墓石像生(唐玄宗泰陵神道石像生开始至明清帝陵)的排列位置,文官居"东",武将列"西"。帝王陵墓的陪葬墓中,文官距帝陵近,武将距帝陵远。因此在中华五千多年不断裂的文明史中,对外扩展战争很少。而希腊、罗马文明,在历史发展中的"盛世"多以对外战争、扩展殖民为其特点。包括西方文明发展史中的"大航海"与"发现新大陆"时代,其给世界带来的仅仅是"殖民时代",它们与中华文明所带来的"丝绸之路"完全是两种世界历史发展结局。